Kinkini Chatterjee

Regulação emocional na educação: Um caso da Índia

Kinkini Chatterjee

Regulação emocional na educação: Um caso da Índia

ScienciaScripts

Imprint

Cover image: www.ingimage.com

This book is a translation from the original published under ISBN 978-3-659-90820-0.

Publisher:
Sciencia Scripts
is a trademark of
Dodo Books Indian Ocean Ltd. and OmniScriptum S.R.L publishing group

120 High Road, East Finchley, London, N2 9ED, United Kingdom
Str. Armeneasca 28/1, office 1, Chisinau MD-2012, Republic of Moldova, Europe
Managing Directors: Ieva Konstantinova, Victoria Ursu
info@omniscriptum.com

Printed at: see last page
ISBN: 978-620-8-63650-0

RESUMO EXECUTIVO

As emoções têm sido ignoradas pelas organizações e pela literatura sobre gestão desde a revolução industrial, por serem consideradas "ineficazes" em organizações racionais. No entanto, só em 1980 é que as emoções ganharam proeminência no local de trabalho. "*As pessoas não são ilhas emocionais isoladas*" (Barsade, 2007). Por isso, para onde quer que vão, levam consigo os seus traços, estados de espírito, expressões e emoções. No entanto, a expressão das suas emoções é regulada no local de trabalho, o que conduz frequentemente a riscos para a saúde e à rotatividade nas organizações (Chau et.al, 2009). Esta é, portanto, uma área importante de investigação para potenciais gestores de recursos humanos.

O objetivo deste estudo foi determinar se a regulação emocional existe no ensino, tal como noutros empregos do "sector dos serviços". A tese procurou compreender os efeitos e a importância da regulação emocional no meio académico, na perspetiva dos estudantes e dos professores, que desempenham papéis igualmente importantes no mundo académico. A tese foi realizada numa organização educativa indiana, a fim de obter uma compreensão holística da regulação emocional neste contexto. Os dados foram recolhidos através de entrevistas semi-estruturadas aprofundadas com seis professores e seis estudantes da organização estudada.

Os resultados revelaram a importância das emoções nas interações entre o pessoal e os estudantes. A intensidade da influência das organizações na regulação emocional foi mínima; a regulação emocional pareceu ser mais individual. Tanto os professores como os estudantes utilizaram várias estratégias para lidar com as emoções negativas e tentaram impor uma imagem credível, actuando à superfície. Além disso, os resultados indicam que a regulação emocional tem efeitos positivos nos professores. No entanto, indiretamente, teve efeitos negativos na satisfação dos alunos. Surgiu uma tensão entre as expectativas dos estudantes e a atitude dos professores em relação a eles, ao mesmo tempo que se alinhavam com as regras de afixação da organização. Além disso, o estudo parece ter ajudado a apresentar os pontos de vista dos professores e dos estudantes sobre a regulação emocional, o que não era o caso anteriormente. Este estudo contribui para a limitada literatura sobre regulação emocional na Índia. O estudo recomenda que os gestores reconheçam a gestão das emoções nas políticas de recrutamento, seleção e formação e criem comités de orientação e aconselhamento para reduzir os efeitos negativos nos estudantes. Finalmente, são propostas recomendações para futuros investigadores com base nos resultados desta tese.

AVISO DE RECEPÇÃO

Gostaria de exprimir a minha profunda gratidão à School of Management da Universidade de Sheffield e à minha orientadora, a Professora Rachael Finn, sob cuja sábia orientação e sempre inspiradora tutoria me foi possível escrever esta tese. A Professora Finn transmitiu-me, de forma contínua e muito convincente, um espírito crítico em relação à investigação e ao estudo. Sem a sua orientação constante e a sua ajuda persistente, esta tese não teria sido possível.

Em particular, gostaria de expressar a minha sincera gratidão à minha família e aos meus amigos pelo seu entusiasmo inspirador e apoio constante, que tiveram um efeito duradouro em mim. Finalmente, gostaria de expressar os meus sinceros agradecimentos a todas as pessoas que entrevistei, que me forneceram a base para esta tese e me confiaram as suas opiniões.

ÍNDICE

CAPÍTULO 1: INTRODUÇÃO

Este capítulo apresenta os fundamentos e o contexto da presente tese. Apresenta também os objectivos do estudo, bem como uma breve discussão de cada capítulo.

1.1 Antecedentes e justificação

As emoções são cada vez mais reconhecidas como parte da vida organizacional (Liu, 2005), quando anteriormente eram negadas. Ashforth e Humphrey (1995) ilustram bem este facto: *"desde momentos de frustração ou alegria, tristeza ou medo, até sentimentos duradouros de insatisfação e empenho, a experiência de trabalho está saturada de sentimentos".* Estes sentimentos têm uma influência significativa nas atitudes individuais e nos resultados organizacionais. No entanto, os gestores de recursos humanos têm frequentemente ignorado a influência das emoções dos trabalhadores, com exceção do stress, no local de trabalho. Além disso, *"as emoções passam de uma pessoa para outra como um vírus".*
(Barsade, 2007). Por conseguinte, pode ter implicações interessantes, uma vez que a dissonância emocional conduz frequentemente à rotatividade dos trabalhadores (Chau et.al, 2009), o que, por sua vez, seria prejudicial para o desempenho de uma organização. O que me intrigou nesta agência da emoção foi a crescente consciencialização do seu envolvimento na organização, tal como salientado por investigação recente. Ao refletir criticamente sobre este assunto, concluí que trabalhar com emoções é mais complexo do que parece. Estas emoções são muitas vezes geridas por regras institucionais distintas. Este processo de regulação das emoções e de apresentação de uma imagem plausível e credível é definido na literatura como regulação emocional.

Ao longo dos anos, a regulação emocional tem sido estudada e definida por vários investigadores das ciências sociais. Arlie Russell Hochschild (1983) foi a primeira a estudar o conceito de regulação emocional num contexto organizacional. Com base nas suas observações de assistentes de bordo e cobradores de dívidas, definiu ( ) a forma como os trabalhadores geriam as suas emoções no local de trabalho em troca de remuneração, a que chamou *"trabalho emocional"*. Propôs duas estratégias que os trabalhadores utilizam como parte do seu trabalho emocional: a ação *"superficial"* e a ação *"profunda"*. A ação superficial envolve a simulação de emoções que não são realmente sentidas, enquanto a ação profunda envolve a manipulação de emoções genuínas para se alinharem com a emoção exigida. Por conseguinte, pode dizer-se que os trabalhadores utilizam a ação superficial e a ação profunda para dar uma impressão plausível aos clientes e às organizações. Erving Goffman (1959) explicou isto dizendo que cada indivíduo é um ator potencial e age para dar uma impressão num determinado contexto. Por conseguinte, pode dizer-se que a regulação emocional é um atributo da gestão da impressão.

Os conceitos acima referidos foram discutidos nos capítulos seguintes para explorar o seu significado numa instituição académica indiana. O trabalho emocional é um tema emergente e dinâmico na Índia (Harini, 2013). No entanto, muito poucos estudos examinaram questões de regulação emocional na profissão docente, mas nenhum utilizou estes dois conceitos em conjunto num contexto académico, quer na Índia quer noutros países. Este estudo tenta, portanto, preencher esta lacuna, explorando os efeitos e a especificidade da regulação emocional na perspetiva de alunos e professores e propondo possíveis implicações para os gestores. O que mais me inspirou a fazer esta tese foi a relação próxima que partilhei com os meus professores da licenciatura. As ideias de *"The Managed Heart"*, de Hochschild, levaram-me a questionar e a pensar se os professores estariam a sofrer os mesmos efeitos de regulação emocional que os cobradores de dívidas e as hospedeiras mencionados no livro, devido às normas de exibição organizacional. Esta crença vem de Hochschild (1983), que especificou que o "trabalho emocional" seria um aspeto de um emprego desde que exigisse *"contacto face a face"*, que *"os trabalhadores tivessem de produzir um estado emocional noutra pessoa"* e formação *"para exercer controlo sobre as actividades emocionais dos empregados"*.

Um dos aspectos mais importantes da elaboração de uma dissertação é a escolha de um método de investigação adequado e a seleção de uma amostra adequada. Relativamente ao primeiro método, decidi realizar entrevistas e discussões em profundidade, utilizando um programa de entrevistas semi-estruturado, porque a natureza da regulação emocional é tal que não pode ser medida através da administração de um questionário. No entanto, as entrevistas foram realizadas numa organização de estudo de caso específica, a fim de recolher dados contextuais pormenorizados dentro de um período de tempo específico. No que respeita à população da amostra, entrevistei estudantes e professores da instituição indiana do estudo de caso. O número de entrevistados foi de seis estudantes e seis professores, respetivamente.

1.2 Finalidades e objectivos do presente estudo

A tese tem como objetivo investigar a importância das emoções nas interações quotidianas entre estudantes e professores, a partir das suas perspectivas distintas. Pretende também analisar e compreender se os professores e os estudantes controlam as suas emoções na sua esfera profissional e as consequências da regulação das emoções. Os objectivos deste estudo são os seguintes:

- Compreender quais as emoções que são relevantes ou destacadas como tal.
- Compreender de que forma as organizações influenciam a

regulação emocional.

- Destacar as estratégias e os possíveis efeitos da regulação emocional.
- Compreender se existem emoções na interface entre o pessoal e os estudantes, tanto do ponto de vista do pessoal como dos estudantes.

1.3 Estrutura do ensaio

Esta tese está dividida em cinco partes. O primeiro capítulo apresenta os antecedentes e a justificação desta tese. O segundo capítulo apresenta uma revisão crítica da literatura anterior e as questões de investigação que dela decorrem. Discute as teorias da regulação emocional e do trabalho em geral e no contexto específico da educação, bem como a apresentação de Goffman (1959) da gestão de impressões. O terceiro capítulo trata da metodologia e discute as filosofias e os métodos de investigação utilizados para recolher os dados. Finalmente, o quarto capítulo trata da análise e interpretação dos dados recolhidos no contexto dos quatro temas que emergiram durante a entrevista. A análise está relacionada com os argumentos apresentados na revisão da literatura. O quinto e último capítulo apresenta um breve resumo das conclusões e propõe recomendações para investigação futura e implicações para os gestores.

1.4 Resumo do capítulo

Este capítulo apresentou uma breve panorâmica da presente tese. Destacou também as lacunas da investigação sobre a regulação emocional.

CAPÍTULO 2: REVISÃO DA LITERATURA

As emoções desempenham um papel dominante nas interações sociais quotidianas. Estas interações são condicionadas pelas emoções, que actuam como filtros de perceção, induzindo as nossas decisões conscientes e, por vezes, tomando decisões por nós. No entanto, a gama de emoções apropriadas pode variar de acordo com a cultura, o género e as normas. Ao longo dos anos, *"os psicólogos têm estudado a natureza dinâmica e complexa das emoções humanas"* (Ogbonna e Harris, 2004).

Além disso, as emoções eram vistas como disfuncionais, *"inapropriadas"* (Putnam e Mumby, 1992 citado em Harini, 2013) e *"irracionais"* (Arvey et. al, 1998) estando *"ligadas aos domínios expressivos da vida, em oposição à orientação instrumental do mundo dos negócios"* (Tran, 1998 citado em Harini, 2013).

Foi só em 1983, com a publicação de *"The Managed Heart"* de Hochschild, que os investigadores começaram a explorar os vários aspectos das emoções ligados ao desempenho organizacional e individual. Além disso, a *"revolução emocional"* (Barsade et.al, 2003 citado em Barsade e Gibson, 2007) das últimas três décadas alertou investigadores, académicos e gestores para o facto de que a compreensão dos sentimentos pode ajudá-los a prever atitudes e comportamentos nas organizações, desde as vendas até à tomada de decisões, uma perspetiva que não existia antes. Apesar deste reconhecimento, as emoções dos trabalhadores no local de trabalho são principalmente controladas pelas normas e pela cultura da organização, o que é definido na literatura como regulação emocional.

Assim, este capítulo examina a importância das emoções e da regulação emocional na vida organizacional, com base na literatura anterior. Em seguida, divide-se em quatro secções principais, cada uma apresentando uma discussão detalhada sobre a regulação emocional, o conceito de trabalho emocional de Hochschild (1983) e as suas implicações e relevância para o contexto académico. Por fim, centra-se na dramaturgia de Goffman (1959) como o quadro concetual para este estudo.

2.1 Emoção: Regulação das emoções

"As emoções são sentimentos que as pessoas experimentam, interpretam, expressam e gerem" em interações sociais *"influenciadas por condições sociais, culturais, interpessoais e situacionais"* (Thoits, 1989; Martin, 1999 citado em Chu, 2002). Hochschild (1983) propôs dois quadros para compreender as emoções, de um ponto de vista biológico *("quadro organísmico")* e de um ponto de vista social *("quadro interaccional")*. A *'estrutura organísmica'* apresenta uma perspetiva centrada no indivíduo que ignora a construção social da emoção. Por outro lado, a *'estrutura interaccional'* capta os processos sociais e define as emoções como *'um sentido que nos informa sobre a realidade'*. O estudo que se segue centra-se no *'quadro interaccional'* da emoção, uma vez que pretende explorar o significado social da emoção no quadro organizacional.

As emoções são definidas por contextos sociais particulares, e a interação entre emoção e contexto social produz uma situação de *"regras de sentimento"* (Hochschild, 1983). Estas regras variam entre grupos e orientam as acções socialmente aceites. Assim, os indivíduos reprimem frequentemente os seus verdadeiros sentimentos e apresentam uma emoção que é socialmente aceite e considerada como tal.

A regulação emocional é um conceito que, na literatura, é referido como "regulação emocional". Ao longo do tempo, a regulação emocional tornou-se uma caraterística importante da vida social, pessoal e organizacional dos adultos. No entanto, a investigação centrada especificamente na regulação emocional no contexto da organização só recentemente surgiu (Grandey, 2000) com a formulação do trabalho emocional por Hochschild (1983). O conceito de *"trabalho emocional"* surgiu a partir do trabalho de Hochschild sobre a gestão das emoções, que examinou a regulação individual do comportamento emocional de acordo com os requisitos profissionais e as normas organizacionais. Por outras palavras, destaca a mercantilização das emoções em "ambientes de serviço". O trabalho emocional foi muito popularizado na literatura organizacional porque era facilmente aplicável ao sector dos serviços.

Além disso, Gross (1998, citado por Harini 2013) definiu a regulação emocional como *"o processo pelo qual os indivíduos influenciam as emoções que experimentam, quando as experimentam e como sentem e expressam essas emoções"*. Por outras palavras, os indivíduos gerem as suas emoções através da confirmação de regras de exibição emocional em duas situações (Gross 1998, citado por Harini 2013). No caso da *"regulação emocional centrada no antecedente"*, os indivíduos controlam e modificam a sua situação para ajustar as suas emoções, enquanto no caso da *"regulação emocional centrada na resposta, um indivíduo manipula a expressão emocional da sua reação à situação"* (Grandey 2000). Além disso, pode argumentar-se que a regulação emocional centrada na resposta se alinha com a ação de superfície de Hochschild (1983), em que um indivíduo pode exibir um sorriso mesmo que se sinta desgostoso. Da mesma forma, Grandey (2000) descobriu que a regulação emocional centrada na resposta se alinhava com a ação superficial e a regulação emocional centrada no antecedente se alinhava com o conceito de ação profunda de Hochschild (1983).

Os conceitos de trabalho emocional e regulação emocional explicam como um indivíduo controla e manifesta uma emoção apropriada num determinado contexto.

Ambos explicam como um indivíduo controla e manifesta uma emoção apropriada num determinado contexto. No entanto, a literatura faz uma distinção clara entre regulação emocional e trabalho emocional. A regulação emocional engloba todas as situações em que um indivíduo regula as respostas emocionais adequadas de acordo com as suas necessidades. O trabalho emocional, por outro lado, determina a manifestação de emoções apenas dentro de uma organização em troca de remuneração (Brown, 2011). Por outras palavras, a regulação emocional abrange a regulação das emoções em qualquer contexto, enquanto o trabalho emocional diz respeito à regulação emocional dos trabalhadores apenas no local de trabalho. Assim, com base nos pontos anteriores, podemos dizer que a regulação emocional engloba o todo e o trabalho emocional faz parte dele. Além disso, é importante esclarecer que esta tese apenas aborda a regulação emocional no contexto de uma organização, e mais especificamente no sector da educação.

Além disso, o rápido crescimento dos empregos no "sector dos serviços" realçou a importância de reconhecer as necessidades emocionais dos trabalhadores nas organizações. No seu estudo sobre o sector da hotelaria, Smith (2013) encontrou uma relação significativa entre *o "trabalho emocional e o bem-estar dos trabalhadores".* Em particular, relatou que diferentes estratégias de regulação emocional afectavam os trabalhadores de forma diferente; a ação superficial causava "exaustão emocional", enquanto a ação profunda conduzia à "satisfação profissional" dos trabalhadores. Do mesmo modo, os trabalhos emocionalmente exigentes resultam frequentemente em dissonância emocional e baixa satisfação profissional, o que leva à rotatividade dos trabalhadores nas organizações (Chau et. al, 2009). Por conseguinte, a gestão tem de reconhecer a importância do trabalho emocional (Smith, 2013) no local de trabalho, a fim de criar as condições para um trabalho satisfatório e um ambiente menos stressante. Além disso, um trabalhador satisfeito e positivo pode trazer alguns benefícios para uma organização em termos de criatividade e produtividade. Este ponto é reiterado por Lyubomirsky et.al (2005 citado em Barsade e Gibson, 2007), que indicam que as emoções positivas de um indivíduo *"estão associadas a um aumento das medidas de desempenho no trabalho, a um rendimento mais elevado e a melhores capacidades de negociação"*, o que, em última análise, beneficia a organização. Do mesmo modo, Barsade et al (2005 citado em Barsade e Gibson, 2007), no seu estudo longitudinal sobre a criatividade no trabalho quotidiano, encontraram uma forte relação linear entre o humor positivo e a criatividade nas organizações. Mesmo a autonomia na tomada de decisões e a prestação de apoio social por parte dos colegas reduzem frequentemente o impacto negativo da regulação emocional e mantêm uma força de trabalho de qualidade na organização (Anafarta, 2015). Além disso, Zapf (2002, citado em Smith, 2013) recomendou que as organizações considerassem o trabalho emocional na sua conceção organizacional formal e nas suas políticas de recrutamento, seleção e formação, uma vez que isso beneficiaria o bem-estar dos trabalhadores e reduziria o stress e a rotação de pessoal. Assim, o reconhecimento da importância do trabalho emocional e da regulação emocional dos trabalhadores dentro da organização pode fornecer orientações úteis aos gestores na construção de um local de trabalho eficaz e emocionalmente saudável (Liu, 2005).

2.2 Trabalho emocional: uma visão geral

A importância das emoções nas tarefas de trabalho foi destacada pela primeira vez pelo sociólogo americano Hochschild em 1983. É de salientar aqui que Hochschild se baseou na perspetiva dramatúrgica de Goffman (1959) (Harini, 2013; Ashforth e Humphrey, 1993). Os cobradores de dívidas e os assistentes de bordo são vistos como actores que realizam um trabalho emocional no palco (local de trabalho), para um público frequentemente segregado (clientes). O trabalho realizado em termos de emoções foi, por conseguinte, designado por trabalho emocional.

Hochschild (1983) definiu o trabalho emocional como "a *gestão dos* sentimentos *para criar uma exibição facial e corporal publicamente observável".*

O trabalho emocional é vendido por um salário e, portanto, tem um valor de troca".

O trabalho emocional é vendido por um salário e, portanto, tem um valor de troca". No entanto, nem todos os

No entanto, nem todos os empregos conduzem ao trabalho emocional, transformando a emoção numa mercadoria. Na sua opinião, o trabalho emocional requer a existência de três condições numa organização: requer que os empregados *"interajam cara a cara ou verbalmente com os clientes", que "o trabalhador produza um estado emocional no cliente" e* que *"dê ao empregador a oportunidade de exercer algum controlo sobre"* *as "actividades emocionais" dos* empregados (Hochschild, 1983, citado em Chu, 2002). Hochschild identificou duas estratégias utilizadas pelos trabalhadores para expressar certas emoções que não são realmente sentidas: a ação superficial e a ação profunda no local de trabalho. A autora desenvolveu o conceito de ação superficial a partir da perspetiva dramatúrgica de Goffman (1959) e a noção de ação profunda a partir do encenador Constantin Stanislavski (1965) (Harini, 2013). Na ação superficial, o trabalhador exibe conscientemente a emoção requerida, subjugando os seus sentimentos interiores, enquanto na ação profunda, os trabalhadores *"induzem-se a sentir a emoção"* da organização (Harini, 2013). A ação superficial é essencialmente *"uma lacuna entre a emoção sentida e a emoção demonstrada"* (Ashforth e Humphrey, 1993, citados em Chu, 2002). Assim, a ação superficial pode levar à dissonância emocional, uma vez que obriga os trabalhadores a modificar os seus verdadeiros sentimentos para se alinharem com a emoção exigida, o que pode ter efeitos prejudiciais para eles. No estudo de Hochschild, os assistentes de bordo utilizavam frequentemente o jogo de superfície para mostrar uma emoção que não estavam realmente a sentir. Como resultado, descobriu que o trabalho emocional estava na origem do abuso de substâncias, stress, dores de cabeça e absentismo entre os empregados. Em contrapartida, os investigadores descobriram que *"para muitos trabalhadores, a comédia superficial pode não causar tensão se fingirem de boa fé que a comédia"* é uma parte legítima do seu trabalho (Rafaeli e Sutton, 1989, citados em Barsade e Gibson, 2007). Gross (1989 citado em Barsade e Gibson, 2007) acrescenta que os trabalhadores sofrem menos tensão quando planeiam regular as suas emoções em vez de as reprimir.

No entanto, esta perspetiva negativa foi posteriormente contestada por outros que apresentaram casos que qualificam o trabalho emocional num quadro positivo. Ashforth e Humphrey (1993) argumentaram que, se o cliente percecionar a expressão emocional de um trabalhador como positiva, isso pode muitas vezes levar à eficácia da tarefa. Por conseguinte, concordam com Hochschild que o trabalho emocional pode ser disfuncional se os trabalhadores não mostrarem expressões genuínas. Assumem que *a "identificação de papéis"* ajuda a controlar os efeitos negativos do trabalho emocional no local de trabalho. Defendem que quanto mais *uma pessoa se identifica com a sua função, maior é* a probabilidade de se exprimir de forma autêntica. Afirmam que quanto mais uma pessoa se identificar com a sua função, menos tensão sentirá ao realizar o seu trabalho emocional. Acrescentaram ainda a ação autêntica como uma terceira categoria para compreender o trabalho emocional. Na sua opinião, Hochschild (1983) ignorou o facto de os trabalhadores poderem exprimir emoções adequadas de forma espontânea e natural no local de trabalho. Morris e Feldman (1996) também questionaram a unidimensionalidade do trabalho emocional. Foram os primeiros investigadores a constatar que "os factores individuais e organizacionais são antecedentes do trabalho emocional". Definiram o trabalho emocional em termos de quatro dimensões: "*a frequência da manifestação emocional adequada, a atenção prestada às regras de manifestação exigidas, a variedade de emoções a manifestar e a dissonância emocional gerada pela expressão de emoções desejadas pela organização mas não sentidas autenticamente*". No entanto, esta abordagem foi criticada por outros, em particular Grandey (2000), que argumentou que os quatro factores não conseguiam explicar o processo de gestão emocional dos trabalhadores.

2.3 Trabalho emocional: uma faca de dois gumes

Como vimos acima, a literatura anterior fornece provas dos aspectos positivos e negativos do trabalho emocional. Ashworth e Humphrey (1993) argumentam que o trabalho emocional torna frequentemente as interações previsíveis para os trabalhadores, reduzindo assim o stress e a incerteza associados à interação. Além disso, ajuda a construir a confiança que "*consolida as relações dentro da organização e entre esta e os clientes nos sectores de serviços*" (Zapf e Holz, 2006, citados em Chandwani e Sharma, 2015). Sass (2000, citado em Chandwani e Sharma, 2015) argumentou ainda que pode muitas vezes levar à satisfação no trabalho a nível pessoal, no contexto de um trabalho emocional genuíno e intencional, como o dos assistentes de cuidados em lares de idosos. Além disso, Igo e Totterdell (2007, citado em Chandwani e Sharma, 2015) descobriram que, nas práticas médicas, a regulação emocional automática leva à satisfação do paciente.

No entanto, as ideias negativas estão igualmente presentes em muitas publicações. Os efeitos nocivos do trabalho emocional conduzem frequentemente ao stress e ao esgotamento, tal como referido por Montgomery et al (2006, citado em Brown,
2011) no seu estudo com profissionais de saúde gregos. Também provoca dissonância emocional entre os trabalhadores (Pugliesi, 1999, citado em

Harini, 2013). A dissonância emocional ocorre *"quando uma pessoa expressa emoções necessárias que não são sentidas autenticamente"* e é frequentemente considerada *"uma causa primária dos efeitos negativos do trabalho emocional"* (Hochschild, 1983; Zapf, 2002 citado em Chandwani e Sharma, 2015).

Além disso, Chandwani e Sharma (2015) consideram a auto-seleção de uma ocupação como um dos critérios importantes para determinar a faceta do trabalho emocional. *"O facto de* o trabalho emocional *ter sido realizado voluntariamente e não como resultado de qualquer pressão* pode ser um *fator importante que pode afetar a perceção do indivíduo neste papel"* (Chandwani e Sharma, 2015). No entanto, os resultados dependem frequentemente de factores contingentes, como a carga de trabalho, a frequência e a variedade das manifestações emocionais necessárias. Além disso, a secção seguinte baseia-se na literatura anterior para se concentrar na regulação da emoção na educação.

2.4 O trabalho emocional na educação

A compreensão do trabalho emocional deriva principalmente da investigação empírica sobre "empregos de serviços", como os assistentes de loja (Rafaeli, 1989 citado em Gaan,

2012) Empregados de parques temáticos (Van Maanen & Kunda, 1989 citado em Gaan, 2012), empregados de mesa de restaurantes (Adelman, 1989 citado em Chu, 2002), em que um empregado exibiu um comportamento adequado no local de trabalho ao interagir com os clientes, tal como proclamado nas secções anteriores.

Até à data, existem poucos estudos sobre o trabalho emocional no meio académico. Por outro lado, os investigadores educacionais ignoraram as emoções porque as viam como opostas à sua imagem organizacional racional (Friedman, 1998 citado em Brown 2011). Mas pode-se argumentar

que o ensino é a origem do trabalho emocional porque preenche todas as condições prévias para o trabalho emocional propostas por Hochschild (1983). Em primeiro lugar, o meio académico envolve certamente o contacto entre o professor e o aluno; os professores são também responsáveis pelo bem-estar emocional e pela socialização dos alunos em relação às regras organizacionais adequadas. Além disso, o trabalho emocional pode ser uma realidade diária para os académicos, uma vez que têm de cumprir as normas profissionais exigidas, as expectativas e as necessidades dos estudantes e da administração. Por conseguinte, pode argumentar-se que, num ambiente típico de sala de aula, as interações diárias entre professores e alunos podem envolver a supressão de certos comportamentos (Ogbonna e Harris, 2004) contra as emoções adequadas. Ogbonna e Harris (2004) deram o exemplo de uma professora que explicou como tinha de fingir emoções não só perante os alunos, mas também perante o seu superior hierárquico e os colegas. Pode, portanto, argumentar-se que a gestão das emoções dos académicos parece fazer parte do seu dever profissional. Além disso, os docentes afirmam frequentemente que esta supressão das emoções é stressante (Ogbonna e Harris, 2004).
No entanto, o aspeto negativo do trabalho emocional também é evidente nas instituições de ensino. O trabalho emocional é frequentemente acusado de favoritismo de género, porque, quando é realizado por mulheres, é visto como um traço maternal (Larson, 2008). Além disso, Constanti e Gibbs (2004) insistiram que o trabalho emocional não beneficia os académicos, mas é realizado para a satisfação e o bem-estar (Larson, 2008) dos estudantes e da direção.

Além disso, Gaan (2012) encontrou uma relação significativa entre o ensino e o trabalho emocional, mas com uma carga de trabalho excessiva, isto leva ao stress que afecta negativamente o seu desempenho (Ostroff, 1992 citado em Ogbonna e Harris, 2004). Além disso, Berry e Cassidy (2013), no seu estudo comparativo verificaram que os professores universitários apresentavam níveis mais elevados de trabalho emocional do que outros profissionais (enfermeiros de saúde mental e pessoal da linha da frente). No entanto, afirmaram que a idade e a antiguidade eram atributos significativos que causavam trabalho emocional nos professores.

Por outro lado, o trabalho emocional tem sido visto na literatura como uma forma de gestão de impressões (Gardner e Martinko, 1988, citados em Grandey 2000). De acordo com esta escola de pensamento, os empregados dos serviços utilizam deliberadamente *"dispositivos expressivos"* para orientar o seu comportamento.

O comportamento de um trabalhador em relação a outro para atingir os objectivos da organização (Grove e Fisk, 1989 citado em Ashforth e Humphrey, 1993). Por outras palavras, significa essencialmente a quantidade de esforço que os empregados fazem para manipular estrategicamente o seu comportamento emocional, a fim de confirmar as *"regras de apresentação"* de uma organização e dar uma impressão de credibilidade. As regras de exibição definem a emoção exigida numa determinada situação (Ekman, 1973 citado em Harini,

2013) e a forma como o exprimem. Da mesma forma, com base nestes pontos, podemos argumentar que, à semelhança de outros empregos no "sector dos serviços", os professores alinham-se estrategicamente com as normas de exibição da organização para dar determinadas impressões. Assim, a fim de desenvolver e construir o argumento, a secção seguinte apresentará a apresentação de Goffman (1959) sobre dramaturgia para compreender o seu conceito de gestão de impressões.

2.5 Apresentação da gestão de impressões por Goffman (1959)

"Vou considerar a forma como o indivíduo, em situações normais de trabalho, se apresenta a si próprio e à sua atividade aos outros, a forma como orienta e controla a impressão que têm dele, e o tipo de coisas que

pode ou não fazer mantendo o seu desempenho perante eles" (Goffman, 1959).

O autor apresentou a gestão das impressões (um dos aspectos da dramaturgia) como uma das formas de estudar a vida social nas organizações a partir de uma perspetiva teatral. Utilizou a metáfora do teatro para mostrar como as pessoas gerem as impressões que querem transmitir nas suas interações quotidianas (Priyaadharshini e C, 2010). Goffman (1959), ao observar as pessoas nas suas interações quotidianas, concluiu que cada indivíduo *"pode ser considerado como um ator potencial"*, que desempenha papéis distintos consoante o contexto em causa. Assim, em qualquer interação social, os indivíduos tentam, intencionalmente ou não, influenciar e construir a perceção que os observadores têm da sua identidade social. É isto que Goffman (1959) define como gestão da impressão, que consiste em *"encenar com sucesso uma personagem"*.

Assim, o indivíduo ocupa o lugar central no seu estudo. Para ele, todos os indivíduos agem para influenciar, mobilizando a sua atividade *"de forma a transmitir aos outros uma impressão que lhes interessa transmitir"*. Além disso, a autenticidade do desempenho é questionável, porque o que os trabalhadores retratam no local de trabalho muitas vezes não é realmente sentido. Em vez disso, recorrem a um jogo de superfície para dar a imagem de um comportamento adequado, como vimos no caso dos funcionários da Walt Disney World (Reyers, 2011). Este facto confirma que a regulação emocional pode ser considerada um atributo da gestão da impressão. No entanto, esta inautenticidade e este comportamento superficial conduzem frequentemente a uma despersonalização do trabalho, reduzindo a sua realização pessoal (Brotheridge e Grandey, 2002 citado em Wharton, 2009).

Goffman (1959) considera também que a capacidade de gerir as impressões não depende dos caprichos do ator, mas que as representações são *"socializadas"* e *"modificadas para se adaptarem à compreensão e às expectativas da sociedade em que são apresentadas"*. Goffman (1959) descreveu este fenómeno como um *"desenvolvimento natural da organização social"*. Os papéis e desempenhos de um ator são, portanto, moldados pelas normas de uma organização ( ) e pelo seu público ou clientes. O cliente também desempenha um papel crucial na determinação do desempenho, fornecendo ao empregado ou ao ator uma razão para atuar. No entanto, neste contexto, é frequente que o público ou o cliente *"se mantenha voluntariamente fora das áreas para as quais não foi convidado"* (Goffman, 1959), a fim de evitar cenas embaraçosas. Além disso, em muitos serviços, os clientes são obrigados a estar presentes para que o serviço seja efectuado.

O palco desempenha um papel importante na compreensão da importância da gestão da impressão. Goffman (1959) definiu o palco *"como qualquer lugar delimitado, até certo ponto, por obstáculos à perceção"*. O proscénio é o que confronta o público, um *"lugar onde se dá a atuação"* (Goffman, 1959). A gestão da impressão tem lugar principalmente no proscénio. O proscénio é o espaço onde os indivíduos actuam na presença do público. Os bastidores, por outro lado, são um lugar onde *"o artista pode relaxar; pode deixar cair a sua fachada, desistir de falar as suas falas e sair da personagem"* (Goffman, 1959). O objetivo da área dos bastidores é satisfazer as necessidades emocionais e de preparação dos empregados para o seu desempenho em palco. O objetivo dos bastidores é satisfazer as necessidades emocionais e de preparação dos empregados para o seu desempenho em palco. Se estes comportamentos tivessem sido adoptados na frente do palco, teriam sido prejudiciais para a sua impressão; os indivíduos têm, portanto, o cuidado de não adotar comportamentos de bastidores em frente do público. Desta forma, o público é separado da zona dos bastidores, permitindo ao ator adaptar o seu papel e a sua impressão. A demarcação entre os comportamentos regionais nos bastidores e na frente do palco pode ser vista como semelhante à distinção entre um escritório do sector dos serviços e os seus clientes e entre a vida privada e a vida pública. O estudo de Hochschild (1983) sobre assistentes de bordo e cobradores de facturas fornece algumas indicações sobre este fenómeno. Neste estudo, os empregados empreenderam actos conscientes de supressão dos seus sentimentos pessoais, a fim de se conformarem com padrões de exibição adequados. Todo o processo de supressão e gestão das emoções decorreu nos bastidores, ao passo que as emoções que exibiam aos clientes podiam ser consideradas uma atividade de fachada. De facto, ao alterarem as suas emoções, pensamentos, expressões faciais e linguagem corporal, os assistentes de bordo e os cobradores são capazes de influenciar e projetar uma impressão nos clientes através de uma atuação superficial e profunda. Além disso, a regulação emocional pode ser vista como uma forma de gestão da impressão, uma vez que em ambos os casos os assistentes de bordo e os cobradores de dívidas tentaram projetar emoções adequadas para influenciar uma impressão distinta nos seus clientes.

Para além disso, a importância da impressão não pode ser negada empiricamente, uma vez que conduz frequentemente a um melhor desempenho profissional, particularmente na profissão de vendas (Ispas et al, 2013). No entanto, Gouldner (citado em Williams, 1986) questionou a relevância da gestão de impressões na sociedade contemporânea. Ele afirmou que os homens e as mulheres de hoje são meros funcionários públicos em organizações burocráticas de grande escala sobre as quais podem ter pouca influência. Em contraste, Brittan (citado em Williams, 1986) acredita que o desempenho dramático é uma caraterística da interação na sociedade contemporânea. Defende que os indivíduos representam o que acreditam que o público espera, através de estratégias de poder, desempenho e união social. Denzin (2002) argumentou ainda que a divisão entre público e performer desaparece no mundo capitalista. Não considerou que a regulação estrita entre a frente e o fundo do palco fosse a chave para uma impressão bem sucedida. Pelo contrário, Denzin (2002) afirma que *"não há realmente nenhum conluio que eu possa ver, nenhuma tentativa de esconder o comportamento nos bastidores do público; de facto, está tudo à vista de todos!* Além disso, afirmou que cada ator neste mundo permite que uma pequena parte de si próprio faça parte desta experiência pública. Goffman (1959) acredita que o seu conceito pode ser aplicado a qualquer contexto social *"a partir do qual a vida social"* pode ser estudada. O seu conceito de dramaturgia era discernível em contextos empresariais, como o estudo de Hochschild (1983) sobre assistentes de bordo e cobradores de dívidas, em que os empregados davam a impressão de uma equipa coesa e unida. Apesar disso, poucos estudos utilizaram a sua dramaturgia ou o seu quadro de regulação emocional na educação. Preves e Stephenson (2009) investigaram a negociação da identidade no ensino colaborativo, utilizando a tradição teórica da dramaturgia de Goffman para analisar a sala de aula como um local de desempenho, com base numa cultura de equipa eficaz. Além disso, muito poucos estudos académicos consideraram o conceito de regulação emocional como uma forma de gestão de impressões. Por conseguinte, este estudo tem como objetivo compreender o conceito de regulação emocional do ponto de vista dos professores e dos alunos, que desempenham um papel importante na educação. Procura também determinar se a gestão de impressões parece ser um indicador da regulação emocional no ambiente universitário.

2.7 Resumo do capítulo

Este capítulo reviu e analisou a literatura anterior sobre regulação emocional e trabalho emocional nas organizações. Em seguida, analisou a regulação emocional no contexto da educação, a fim de concetualizar este estudo. É evidente que a investigação sobre a regulação emocional no contexto organizacional se tem desenvolvido nas últimas décadas, mas o número de estudos sobre a regulação emocional no contexto educativo, utilizando o conceito de gestão de impressões de Goffman (do seu quadro dramatúrgico), é ainda insuficiente. O capítulo seguinte apresenta a metodologia de investigação e os métodos utilizados no estudo.

CAPÍTULO 3: METODOLOGIA

Este capítulo explora a escolha das metodologias, filosofias e estratégias de investigação utilizadas para responder às questões de investigação. A metodologia de investigação é fundamental para toda a investigação, uma vez que define o enquadramento dos métodos a utilizar na recolha de dados, no planeamento e na execução de um estudo de investigação (Silverman, 2010). No entanto, uma metodologia *"não se destina a fornecer soluções, mas fornece a base teórica para compreender que método, conjunto de métodos ou melhores práticas podem ser aplicados a um caso específico"* (Parkin, 2014). De facto, é a metodologia que orienta os métodos utilizados.

Além disso, a investigação pode ser definida como uma procura de conhecimento para descobrir coisas (Saunders et al, 2009) com base em factos objectivos ou interpretações subjectivas. Esta tese em particular segue uma análise subjectiva porque o tema requer uma compreensão dos actores sociais para produzir um resultado plausível.

3.1 Conceção da investigação

A filosofia de investigação desempenha um papel importante num estudo empírico porque define a natureza e o desenvolvimento do conhecimento (Saunders et al, 2009). Por outras palavras, este termo geral *"contém pressupostos sobre a forma como o investigador percepciona o mundo"* que sustentam *"a estratégia e os métodos de investigação"* escolhidos (Saunders et al, 2009). Por conseguinte, é necessário discutir as diferentes filosofias subjacentes a esta tese, a fim de compreender os métodos de investigação utilizados.

A epistemologia define o que é ou deve ser considerado *"conhecimento aceitável"* num domínio de estudo (Bryman e Bell, 2007). A questão central aqui é se o mundo social pode ou deve ser estudado através da lente objetiva das ciências naturais, ou se precisa de uma orientação subjectiva para compreender as pessoas e as suas instituições. A natureza altamente complexa do tema da minha tese exigiu uma compreensão subjectiva da regulação emocional subjacente num contexto educativo e dos seus possíveis efeitos. Exigiu também um olhar aprofundado para compreender as diferentes perspectivas dos participantes, o que não pode ser conseguido através de uma abordagem positivista, daí a importância de uma abordagem interpretativista e construtivista. Além disso, a epistemologia interpretativista centra-se na compreensão das diferenças de comportamento dos indivíduos enquanto actores sociais (Saunders et al, 2009), introduzindo uma abordagem subjectiva no ensaio. A sua principal preocupação é *"compreender as acções humanas, não as forças que supostamente actuam sobre elas"* (Bryman e Bell, 2007). No entanto, o maior desafio é entrar no mundo social do sujeito da investigação e compreendê-lo do seu ponto de vista.

Por outro lado, a ontologia preocupa-se com a natureza da realidade social. A principal preocupação aqui é saber se as entidades sociais podem ser entendidas como entidades objectivas com uma realidade própria, ou se devem ser consideradas como construções sociais baseadas nas percepções dos actores sociais. A escola construcionista segue a filosofia interpretativista e acredita que é necessário que o investigador compreenda e explore os significados subjectivos que motivam as acções sociais (Saunders et al, 2009). Esta escola rejeita a posição de que qualquer entidade social pré-existe e, em vez disso, enfatiza o papel dos indivíduos na criação da realidade social. Por conseguinte, é necessário compreender os significados que os actores sociais atribuem a qualquer fenómeno para compreender a realidade social.

Ao organizar o meu instrumento de investigação, escolhi a abordagem qualitativa porque é ideal para explicar "como" e "porquê" *"uma multiplicidade de factores (cultura, crenças, influências externas) moldam as percepções das pessoas e orientam o seu comportamento" (Rich* e Ginsburg, 1999). Centra-se na compreensão de um episódio específico a partir de diferentes pontos de subjetividade (Saunders et al, 2009). No local, esta tese foi conduzida como um estudo de caso, uma vez que *"é difícil imaginar a atividade humana sem contexto"* (Lincoln e Guba, 1985, citado em Abdulla, 2014). A abordagem de estudo de caso foi escolhida para recolher dados, uma vez que facilita uma compreensão holística de um fenómeno social complexo relacionado com a questão de investigação (Yin, 2003). Além disso, esta abordagem ajudaria esta tese a incorporar as discrepâncias que podem surgir entre as perspectivas dos estudantes e dos professores, ao mesmo tempo que examina a importância da regulação emocional (Bassey, 1999) na organização do estudo de caso. Além disso, esta abordagem é muito útil para compreender fenómenos sociais que requerem e implicam interpretações do comportamento humano num contexto específico. Além disso, a natureza altamente subjectiva e exploratória deste estudo exigiu a utilização de um modelo indutivo que permite uma exploração detalhada, em vez de uma abordagem dedutiva que se centra no teste de hipóteses.

3.2 Método de investigação

A tese optou pela entrevista qualitativa porque permite compreender e desvendar os pormenores da realidade dos sujeitos de investigação e explorar os seus pontos de vista (Kvale, 1996), tal como requerido para este estudo empírico. A natureza complexa do objeto de investigação exigiu uma entrevista detalhada e em profundidade, utilizando um programa de entrevista semi-estruturado [(1)]. Cooper e Schindler (2008) sublinharam *a "necessidade de entrevistas semi-estruturadas"* que permitem explorar *"áreas-chave e os seus fundamentos"* e apoiar a utilização de um modelo indutivo. Foram realizadas entrevistas em vídeo com seis professores e seis alunos de uma organização educativa indiana. As entrevistas tiveram uma duração de meia hora. No entanto, não foi fácil realizar as entrevistas, pois alguns participantes opuseram-se a que as suas opiniões fossem gravadas. Por isso, fiz um esforço suplementar para escrever o relatório ao mesmo ritmo da entrevista, para não perder nenhum ponto-chave. Além disso, estas entrevistas foram realizadas para compreender melhor a importância da regulação emocional no mundo académico, tendo em conta os dois pontos de vista.

Num programa de entrevista, o investigador apresenta uma série de perguntas, geralmente abertas, que encorajam os participantes a responder com as suas próprias palavras e permitem ao investigador recolher uma vasta gama de opiniões subjectivas sobre o assunto. A flexibilidade do programa semi-estruturado permite ao investigador alterar a ordem das perguntas em função das respostas dos entrevistados (Turner, 2010). O meu programa de entrevistas era composto por catorze perguntas. No entanto, isto não significa que a minha investigação se tenha limitado a estas questões; foram também colocadas outras questões contextuais. Além disso, a utilização de perguntas semi-estruturadas permite ao investigador aprofundar as respostas e discutir questões que podem ter um impacto significativo no projeto de investigação. No entanto, foram evitadas as perguntas diretivas, uma vez que estas influenciam frequentemente as respostas dos participantes (Bryman e Bell, 2007). As perguntas da entrevista foram estruturadas em torno de três temas principais derivados das perguntas da investigação. O primeiro conjunto de perguntas centrou-se no papel das emoções nas conversas quotidianas entre estudantes e professores, o segundo nas estratégias e dificuldades de regulação emocional e o terceiro no papel das organizações na regulação emocional. Considera-se que estas questões enriquecem e articulam o estudo assim efectuado.

A dimensão da amostra é um aspeto crucial da recolha de dados. O meu

projeto de investigação,
devido à sua perspetiva muito ampla, utilizou a amostragem intencional como estratégia, uma vez que me permitiu selecionar os participantes com base nas questões e objectivos da investigação (Saunders et al, 2009), sem estar estritamente limitado a delimitações de ocupação e experiência. Os potenciais participantes foram inicialmente contactados por correio eletrónico. Após a obtenção do seu consentimento, as entrevistas foram então realizadas e gravadas por videoconferência para análise.
A amostra selecionada incluiu académicos e estudantes de uma instituição de ensino superior na Índia.

Além disso, é necessário garantir a validade e a fiabilidade do projeto de investigação. No entanto, estas abordagens raramente são utilizadas para avaliar a investigação qualitativa porque estão estreitamente associadas a medidas quantitativas (Neuman, 2011). Silverman (2010) propôs recentemente uma lista de critérios de avaliação da investigação qualitativa que combina questões metodológicas, teóricas e práticas. Os quatro aspectos fundamentais definidos para a avaliação da investigação qualitativa são: se a investigação desenvolveu teorias úteis, se utilizou uma abordagem autocrítica, se seguiu métodos de investigação adequados e se deu contributos práticos.

3.3 Limites

O ponto de partida de quase todas as investigações é invariavelmente marcado por um vasto leque de obstáculos e dificuldades. A impossibilidade de aceder a um público mais vasto deve-se à falta de tempo e à distância geográfica entre a minha residência atual e o país dos entrevistados. Além disso, como a instituição escolhida para o estudo de caso era uma instituição de ensino superior exclusivamente feminina, a investigação só podia captar as opiniões de professoras e alunas sobre o tema do inquérito, o que prejudicou o meu potencial e conduziu a desvantagens.

3.4 Considerações éticas

As preocupações éticas são fundamentais em qualquer tese. No entanto, esta tese foi conduzida de forma ética para evitar qualquer dano aos participantes.

Uma ficha de informação [(2)] e um formulário de consentimento [(3)] foram enviados por correio eletrónico a todos os participantes antes da entrevista, para garantir a sua vontade de participar voluntariamente. A ficha de informação continha informações pormenorizadas sobre o objetivo do estudo e o papel do participante no mesmo. Também respeitava a estrita confidencialidade e o anonimato dos participantes, tal como indicado antes da entrevista. Por fim, o tema e a metodologia foram aprovados pelo Comité de Ética em Investigação da Universidade de Sheffield, garantindo a solidez ética desta tese.

3.5 Resumo do capítulo

Este capítulo discute as filosofias e os métodos de investigação subjacentes utilizados para efetuar o estudo. Os dados foram recolhidos qualitativamente utilizando um programa de entrevistas semi-estruturadas com professores e estudantes de uma instituição indiana estudada. Os dados recolhidos foram depois analisados qualitativamente através da interpretação das transcrições. Este estudo foi efectuado de forma ética, mas tem algumas limitações.

CAPÍTULO 4: APRESENTAÇÃO E ANÁLISE DOS DADOS

Este capítulo apresenta uma análise pormenorizada baseada nas respostas recolhidas a partir dos dados primários. As entrevistas com os doze participantes (seis professores e seis alunos) foram gravadas e ouvidas cuidadosamente antes de serem transcritas, de modo a facilitar a análise dos dados. Depois de as entrevistas terem sido transcritas, o investigador compilou cada resposta de acordo com os temas específicos discutidos durante a entrevista. Quatro temas dominantes emergiram da análise, em relação às questões e objectivos da investigação: a *relevância das emoções, a necessidade de controlar as emoções, as estratégias para gerir as emoções* e os *efeitos da regulação emocional.* A discussão que se segue remete para a revisão da literatura apresentada no Capítulo 2.

4.1 Relevância das emoções

A entrevista começou com uma discussão geral sobre as emoções, a fim de compreender a sua *"relevância"* na vida dos entrevistados. O fio condutor comum às respostas de ambas as categorias de participantes foi *que "a emoção é um sentimento que nos guia no nosso quotidiano".* Além disso, dois alunos definiram a emoção como algo irracional que *"nos impede de sermos perfeitos"* e que, por isso, é frequentemente controlada e regulada. Outro aluno descreveu a emoção como um sentimento que vem do coração e se reflecte no rosto, mas que não é expresso verbalmente num ambiente impessoal. Estas respostas apoiam a ideia de que a emoção representa a "irracionalidade" (Arvey et. al, 1998), como tem sido defendido desde a época da revolução industrial. Como tal, é frequentemente negligenciada no local de trabalho, mesmo no início do século XXI.

Por outro lado, um dos professores definiu a emoção *"como um sentimento que guia qualquer atividade; trabalhar arduamente para conseguir algo é também uma emoção"*. Foi apoiada por dois colegas, que descreveram a emoção como um estado de espírito numa determinada situação que leva a uma reação. Além disso, um professor de descreveu as emoções como *"estados psicofisiológicos agitados que são interpretados através da atribuição de um significado pessoal, social e culturalmente relevante"*. Embora sejam um sinal de irracionalidade, estudantes e professores descobriram a sua relevância e importância na sua vida pessoal e profissional de formas distintas. Pode, portanto, dizer-se que a emoção está sempre presente, ligada a diferentes circunstâncias.

4.2 A "necessidade" de regular as emoções

Os contextos estão a tornar-se um atributo importante na compreensão das emoções. Por isso, esta secção trata da *"influência das organizações nas expressões emocionais"*. Um estudante afirmou claramente *que "o contexto torna-se um ponto central quando se fala de emoções. Na universidade, há uma mentalidade muito clara de que não se deve exprimir os sentimentos quando se fala com as pessoas, porque temos de nos conformar com as normas institucionais"*. Esta resposta reforça a ligação entre os comportamentos de palco e de bastidores apresentada por Goffman (1959), que representa também a disparidade entre a esfera privada e a esfera profissional no que respeita à expressão adequada das emoções. A diferença reside antes na regulação das emoções, que ilustra a noção de *"regras de sentimento"* de Hochschild (1983). Estas regras variam entre grupos e orientam as acções socialmente aceites, como mostra este exemplo. *"Posso mostrar raiva em casa, mas quando vou para a universidade tenho de a reprimir. Reconheço que é difícil reprimir o que estou a sentir, mas acho que é importante porque quando sair da universidade vou ter de controlar todas estas emoções. De certa forma, é útil porque me ajudou a controlar as minhas emoções em casa"*. Da mesma forma, outro estudante disse: "*Não preciso de controlar as minhas emoções em casa. Por isso, sinto uma sensação de alívio em casa, enquanto na universidade é uma batalha constante contra a ansiedade, a pressão para seguir instruções".* Acrescentou ainda que, muitas vezes, o facto de estar constantemente a cumprir as regras

Isto afecta a sua experiência de aprendizagem, uma vez que, antes, ela expressa que tem de pensar duas vezes para evitar repercussões. Além disso, é de notar que todos estes casos ( ) realçam a forma como os indivíduos reprimem as suas emoções de acordo com diferentes normas contextuais, o que é definido na literatura como regulação emocional.

Esta regulação existia de forma explícita, como o diz um professor: *"Não posso exprimir o que sinto no local de trabalho, a maior parte das vezes é reprimido. Mas em casa, não há regras, posso dizer o que sinto às pessoas com quem me sinto confortável".* É importante salientar aqui que o seu comportamento não era apenas controlado pelas instituições, mas também pelas normas e rituais que tinham adquirido através da sua adaptação social, cultural e temporal. Este exemplo reitera o ponto anterior: *"a manifestação de emoções torna-se muitas vezes um ato consciente no local de trabalho; certas maneiras e dignidade tornam-nos conscientes de que não devemos magoar os outros, é uma questão de etiqueta".* Um colega acrescentou: *"Quando eu era muito jovem, as emoções que sentia com os meus amigos eram semelhantes às dos meus alunos. Com o tempo, apercebi-me de que, se não partilhasse o mesmo tipo de emoções, era muito difícil relacionar-me com eles, compreender as suas dificuldades. De facto, isso ajudava-me muito a dar-me bem com os alunos. Eu dobrei as regras da instituição para criar um melhor ambiente de aprendizagem na sala de aula".* Para além disso, é de salientar que, apesar de existir regulação emocional, esta não teve impacto na vida do professor, como veremos mais à frente neste capítulo.

4.3 Estratégias para gerir as emoções

Como vimos na secção anterior, a regulação emocional pode ser vista como uma atividade diária para professores e alunos. No entanto, é frequente utilizarem determinadas estratégias para se alinharem com os padrões de exibição da organização. As secções seguintes discutem brevemente estas estratégias utilizando exemplos concretos.

4.3.1 Disparidade entre o comportamento na sala de aula e na sala de reuniões

A disparidade descoberta entre as emoções privadas e públicas também foi evidente entre os comportamentos dos professores na sala de aula e na sala de reuniões, tal como percepcionados pelos alunos. Esta disparidade reitera a apresentação de Goffman (1959) da dicotomia entre o comportamento na frente e atrás do palco e a sua perceção de como o palco pode ser um aspeto crucial de qualquer espetáculo.

Os estudantes e os professores mencionaram explicitamente a súbita mudança de comportamento dos professores entre a sala de reuniões e as salas de aula. Um estudante explicou que os professores pareciam *"preocupar-se e empatizar"* nas salas de aula, por oposição às aulas. "*Quando os conhecemos pessoalmente na sala de reuniões, notamos imediatamente um tom mais suave"*, disse outro estudante. Estas respostas foram unanimemente confirmadas pelos professores, que reconheceram que o seu comportamento na sala de aula era diferente do seu comportamento na sala de aula. Um deles afirma com veemência: *"Quero que a hierarquia entre aluno e professor esteja presente na sala de aula, porque assim não me tomam por garantido. Por outro lado, na sala de professores, encontro-os como amigos e tento resolver os seus problemas"*. Por outro lado, um dos professores acrescentou: "*Sentia-me mais à vontade para abordar os alunos conhecendo-os pessoalmente nos cubículos do que na sala de professores. Na sala dos funcionários, não podia ser eu próprio quando encontrava um aluno, porque havia colegas presentes, ao passo que numa sala de aula ou num cubículo, podia partilhar a mesma atitude sem ter de me vigiar".* Este ponto de vista é também evidente no caso de um aluno em particular, que afirma: *"Não há diferença entre o comportamento na sala de aula e na sala dos funcionários, porque há outros professores presentes no ambiente. A comunicação parece mais descontraída e aberta quando me encontro com os meus professores em pequenas cabinas para uma interação individual".* Em geral, a regulação emocional parece ser um aspeto dominante em que os professores se esforçaram constantemente por se alinharem estrategicamente com as normas de exibição de um determinado contexto.

4.3.2 Gerir as emoções negativas

Os professores utilizam diferentes *"estratégias para gerir as suas emoções negativas",* como mostram os exemplos seguintes. Além disso, utilizam as salas de reunião como plataforma para gerir as suas "emoções negativas", o que é considerado inadequado na instituição. Este facto é confirmado por alguns professores, que referem que as salas de reunião são utilizadas para aliviar o stress quando têm duas aulas consecutivas: *"sai-se de uma aula e relaxa-se com um café; está-se onde normalmente ninguém nos incomoda antes de se preparar para a aula seguinte. É uma boa forma de aliviar o stress. Se não tivéssemos estes intervalos, as minhas aulas teriam falhado".* Esta resposta mostra que o espaço dos bastidores é benéfico, tal como outro professor acrescentou *que "a sala dos funcionários é um alívio das aulas contínuas, que nos esgotam".* Estas respostas dos professores confirmam a noção de Goffman (1959) de que a área dos bastidores é um lugar onde os funcionários podem praticar *"manter o seu desempenho"* antes de entrarem no palco. A sala dos funcionários também serve como um local para discussão e sugestões para os colegas. Um dos professores deu um exemplo do seu comportamento nos bastidores e da diferença entre este e o seu comportamento no palco: *"Não se deve dizer palavrões em frente dos alunos, porque eles idolatram-nos. Mas sempre que estou zangado, volto atrás e desabafo com palavrões na sala do pessoal"*. Isto confirma a afirmação de Goffman (1959) e Hochschild (1983) de que os trabalhadores têm o cuidado de assegurar que o comportamento que adoptam nos bastidores não seja visível para o público, pois isso poderia prejudicar o seu desempenho e a sua imagem pessoal.

4.3.3 Regulação das emoções e gestão da impressão

Esta secção aborda os atributos da atuação superficial e da atuação profunda encontrados no meio académico. No seu estudo, Gaan (2012) concluiu que a atuação superficial reduz frequentemente a eficácia do ensino. A seguinte resposta de um estudante confirma as suas conclusões; quando questionado sobre se os professores praticam o surface acting *"sim, sem dúvida, alguns deles tentam ser muito rigorosos nas aulas porque pensam que o rigor chama a nossa atenção, o que nem sempre é verdade. Por outro lado, gostamos de ter aulas com professores que são flexíveis na sua abordagem ( ). E é muitas vezes por isso que hesitamos em fazer perguntas"*. A resposta acima evidencia que este falso rigor impede os alunos de se aproximarem dos professores, o que pode ser prejudicial para a sua aprendizagem. Assim, a ação superficial pode ser vista como uma pista para a gestão da impressão, em que um professor ou um aluno tenta estrategicamente mostrar uma determinada impressão, respeitando as regras institucionais.

Além disso, a maioria dos professores concorda que é necessário dar uma impressão, porque *"o rigor é necessário porque afecta o meu desempenho. Como sou jovem, eles tomam-me por garantido, por isso este escudo protege-me de perguntas desnecessárias na aula"*. Um deles concorda veementemente: *"É sem dúvida necessário. Sobretudo em situações de crise pessoal, gostaria de evitar que isso afecte a forma como me apresento na aula, tanto em termos de qualidade de ensino. É mais do que intencional e necessário, é natural"*. No entanto, a maioria dos professores não aceita dar uma impressão intencional, embora reconheça que, devido às regras institucionais, muitas vezes privilegia a ação superficial em detrimento da ação profunda.

Contrariamente aos comentários anteriores, a maioria dos estudantes reconheceu que tenta intencionalmente dar uma certa impressão perante as autoridades e os professores. intencionalmente tenta dar uma certa impressão perante as autoridades e os professores. Quando lhes foi perguntado se isso era benéfico para eles, todos concordaram

Além disso, os exemplos seguintes apoiam a afirmação de Grove e Frisk (1989, citados em Ashforth e Humphrey, 1993) de que os trabalhadores dos serviços, neste caso os estudantes, utilizam deliberadamente *"dispositivos expressivos"* para orientar o seu comportamento no sentido de atingir objectivos organizacionais e não pessoais. objectivos pessoais. Como um estudante comentou, *"As notas que obténs não importam hoje. Há muitas outras coisas que é preciso ter em conta, como ser selecionado para debates, conferências importantes, cartas de recomendação, etc. Não é só a nota que importa.* As tácticas que utilizaram foram: *"fazer perguntas quando normalmente não as temos; mostrar ao professor que temos conhecimentos externos, o que nos ajuda muito a obter recomendações para o nosso trabalho e estudos futuros".* Foram unânimes em responder que estavam a tentar dar uma *"imagem de atenção, de sinceridade, de entusiasmo e de interesse pelo curso".* Consideram que o facto de demonstrarem estas emoções os beneficiou em termos de tratamento na aula, mas não em termos de notas. Como explica um deles, *"permitiu-me ser selecionado para concursos, o que me abriu uma série de oportunidades". No entanto, os professores eram sinceros na correção dos trabalhos; não encontrei qualquer favoritismo.* As respostas acima complementam a perspetiva de Goffman (1959) sobre a gestão de impressões, segundo a qual todos os indivíduos podem ser influenciados a adotar uma atitude favorável aos seus interesses.

4.3.4 Gerir as emoções através do jogo de superfície

Esta secção também analisa em pormenor os comportamentos superficiais, uma vez que tanto os professores como os estudantes admitiram praticá-los enquanto se alinham com as normas organizacionais. Por isso, é importante compreender *"a influência das organizações nas expressões emocionais"*, ao mesmo tempo que nos concentramos nos comportamentos superficiais.

Foi pedido aos participantes que citassem casos em que tiveram de reprimir as suas emoções autênticas para satisfazer as emoções exigidas. Curiosamente, embora os estudantes e os professores tenham sido confrontados com tais situações, tiveram dificuldade em recordá-las porque estavam institucionalizados e socializados. As respostas dos empregados e dos estudantes ilustram a regulação emocional, o que confirma o quadro de Hochschild (1983). De acordo com Hochschild, os empregados controlam as suas emoções para satisfazer as necessidades da organização. Como um professor afirmou explicitamente: *"Tento gerir as minhas emoções. No trabalho, interage-se com muitas pessoas com quem se pode ter diferenças de opinião. Podem ser alunos ou autoridades superiores. Tento manter a calma e reagir de forma lógica, respeitando as normas institucionais". "Lembro-me de um incidente em que um aluno dormiu a sesta na minha aula e eu reparei nisso, mas não me incomodei. Depois da aula, a minha chefe de departamento perguntou-me porque é que o aluno não tinha ido à aula e se eu tinha tomado alguma medida. Respondi-lhe que tinha de lhe pedir um atestado do diretor da escola sobre a ausência do aluno. Pessoalmente, não o queria fazer, mas tive de o fazer sob a pressão das normas institucionais, apesar de me sentir infeliz".* Quando lhe perguntaram como se tinha sentido, respondeu: *"Senti-me infeliz porque tinha feito a mesma coisa quando era estudante; mas depois apercebi-me que era assim que as coisas funcionavam aqui".* Além disso, uma delas respondeu que *"a maior parte das vezes é com a minha raiva e irritação que tenho de lidar, não a posso mostrar"*. Tentou justificar-se dando o exemplo de um debate em que não se pode simplesmente ir embora quando não se está de acordo, mas é preciso gerir a emoção. Estes exemplos mostram, mais uma vez, que os trabalhadores recorrem a comportamentos superficiais para cumprirem as regras da organização, como foi o caso dos trabalhadores da Disney (Reyers, 2011).

Quando questionados sobre a frequência com que tinham de gerir e demonstrar emoções adequadas, todos eles foram unânimes em sublinhar que as normas estavam tão institucionalizadas na sua vida quotidiana que não se apercebiam de que as estavam a respeitar. Foi também perguntado aos alunos se achavam que os professores geriam as suas emoções e demonstravam normas adequadas. A maioria respondeu que sim, mas um deles disse: *"Têm de o fazer. Mesmo quando estão aborrecidos com problemas pessoais, não podem dar-se ao luxo de o mostrar, mas isso acontece por vezes em frente dos alunos, mesmo que se escondam. Parece que se apressam a passar o programa ou gritam desnecessariamente"*. Um outro estudante acrescentou: *"Não sei se precisam de se desenrascar ou não, mas certamente que sim"*. Além disso, é muitas vezes essencial que os professores controlem as suas emoções, nomeadamente com os alunos, para não darem uma impressão errada. Pode, portanto, dizer-se que a gestão das emoções de um professor parece fazer parte da sua responsabilidade profissional, uma vez que se verificou ser um aspeto da interação quotidiana. Além disso, mesmo os estudantes foram vítimas das normas e regras institucionais, que os obrigaram a gerir as suas emoções para respeitarem o código de conduta. Como disse um aluno: *"Há falta de transparência em termos de feedback. Queria rever as notas que tinha obtido, porque não estava satisfeito. Explicaram-me que eu não estava satisfeito, mas que não podia fazer nada. Para mim, foi um desperdício de energia; devia haver um comité de revisão oficial que apresentasse uma razão transparente"*. Quando questionados, a maioria dos alunos deu exemplos de notas quando falaram de regulação emocional. Por conseguinte, pode argumentar-se que se trata de um atributo da regulação emocional, uma vez que a emoção é um sentimento de fazer algo, tal como eles o descreveram. Assim, *"trabalhar arduamente para conseguir algo"* e não receber uma resposta válida pode ser um caso especial de regulação emocional, uma vez que os alunos não podiam fazer muito, pois pertenciam à classe oprimida. Os exemplos acima referidos sublinham claramente que *a interação quotidiana entre professores e alunos* (Ogbonna e Harris, 2004) sofre de supressão de emoções.

4.4 Efeitos da regulação emocional

A regulação emocional parece ser uma faca de dois gumes. Os participantes foram confrontados com consequências tanto positivas como negativas. No entanto, é importante sublinhar aqui que o estudo destacou efeitos positivos diretos nos professores, em comparação com os efeitos negativos que dominam a literatura. Esta secção está subdividida em resultados positivos e negativos.

4.4.1 Efeitos positivos

A fim de compreender as possíveis consequências, perguntou-se aos professores se os regulamentos institucionais afectavam a sua abordagem. Um deles disse: *"Incomodava-me, mas não interferia com a minha aula. Não deixei que isso afectasse o meu comportamento. Eu queria fazer certas coisas, mas não podia, mas não era um problema tão grande que me incomodasse"*. Por outro lado, alguns professores sentiram um esgotamento emocional quando tiveram dois cursos consecutivos no sítio. Como explica um deles, *"depois de cinco ou seis aulas constantes, quando os alunos vêm para uma aula suplementar, esqueço-me de que os convidei a vir. Isso pesa-me, mas não há nada que eu possa fazer. Quando chego a casa, sinto-me exausta e preciso de recarregar as baterias".* Perguntaram-lhe também se tinha contactado as autoridades sobre o assunto*: "Não, não contactei. É melhor ter cursos consecutivos, vou ter de trabalhar menos dias, o que me convém".* Ao mesmo tempo, a sua colega exprimiu um ponto de vista semelhante, embora considerasse o horário desgastante, não contactou as autoridades "*porque toda a gente tinha este problema, de facto outros eram casados e tinham outras responsabilidades, faziam a mesma coisa, de alguma forma era mais para eles. Mais tarde, apercebi-me de que tinha de enfrentar o problema".*

Além disso, nenhum destes professores experimentou uma exaustão emocional intensa, dissonância e stress, uma vez que a regulação emocional parece ser uma atividade regular dentro da instituição.
A regulação emocional parece ser uma atividade regular e habitual na instituição. Como um deles explicou, a regulação emocional "anda de mãos dadas com o perfil do trabalho",
A regulação emocional *"anda de mãos dadas com o perfil profissional. Quando damos aulas, de cuidar deles, vai de par em par".* Esta resposta complementa o argumento de que a regulação emocional (ação de superfície) é uma parte legítima da sua profissão (Rafaeli e Sutton, 1989, citados em Barsade e Gibson, 2007). parte legítima da sua profissão (Rafaeli e Sutton, 1989, citados em Barsade e Gibson, 2007). Apesar de aprovarem a ação de superfície, nenhum deles sofreu os efeitos adversos da regulação emocional, porque estavam apaixonados e, portanto, identificados com o seu papel no trabalho (Ashforth e Humphrey, 1993). Por conseguinte, isto pode justificar a afirmação de Chandwani e Sharma (2015) de que a seleção pessoal do posto de trabalho é uma categoria importante para decidir se a regulação emocional será percebida como um resultado positivo ou negativo. Para além disso, Ashforth e Humphrey (1993, citado em Chandwani e Sharma, 2015) argumentam que os trabalhadores que auto-

selecionam os seus empregos parecem beneficiar dos efeitos positivos da gestão das emoções, como se pode ver no último exemplo. É importante notar aqui que nenhum dos professores tinha sofrido de insatisfação no trabalho e de stress intenso. Assim, de acordo com estes índices, podemos afirmar que os professores de experimentam *"enriquecimento emocional"* (Chandwani e Sharma, 2015) resultante da realização pessoal e da satisfação no trabalho.

Além disso, as consequências positivas puderam ocorrer porque o trabalho sobre as emoções tornou muitas vezes previsíveis as interações entre os trabalhadores (Ashforth e Humphrey, 1993). Por conseguinte, pode dizer-se que os professores não sofreram os efeitos negativos da regulação emocional, uma vez que esta lhes permitiu antecipar possíveis conversas entre professores e alunos. Além disso, os parágrafos seguintes centrar-se-ão nos atributos negativos da regulação emocional neste contexto.

4.4.2 Efeitos negativos

Não se verificaram efeitos negativos diretos da regulação emocional nos professores. Indiretamente, pode dizer-se que esta regulação afecta frequentemente a *"interação diária" e o ambiente de aprendizagem. interação diária"* e o ambiente de aprendizagem. Os alunos acharam as aulas muito profissionais, sem um toque pessoal e sem empatia para com eles. empatia para com eles. Quando lhes perguntaram se preferiam um toque pessoal ou empatia por parte de um professor, ela concordou plenamente e disse: *"Tornaria certamente a aprendizagem mais autêntica e interessante".*

Tornaria certamente a aprendizagem mais autêntica e interessante. Normalmente, perdemos o interesse quando temos aulas com professores assim. Normalmente, perdemos o interesse quando temos cursos com professores assim; assistimos apenas pela presença". Esta resposta sublinha o facto de o profissionalismo aprofundado não ajudar muitas vezes os estudantes que procuram uma orientação pessoal. Confirma a opinião de Gaan (2012) de que *"o papel dos académicos hoje em dia é o de um prestador de serviços que trata os estudantes como clientes"*.

Além disso, pode argumentar-se que os resultados negativos se devem a um comportamento superficial que criou um fosso entre as expectativas dos estudantes e a abordagem dos professores. Alguns professores consideram que é necessário manter um certo rigor, actuando superficialmente para garantir a atenção dos alunos, caso contrário *"muitas vezes tomam-nos por garantidos e incomodam-nos"*. No entanto, esta atitude tem muitas vezes um impacto negativo nos alunos, do qual os professores não se apercebem. Por outro lado, outros professores ( ) consideram que tratar os alunos como adultos os ajuda a compreender as questões do seu ponto de vista, uma vez que *"os alunos tendem a abrir-se mais"*, o que acaba por facilitar as suas aulas. Um professor acrescentou: *"Havia uma aluna que tinha um problema de atitude e tinha o hábito de não ouvir na aula, mas sim de brincar com o telemóvel. Um dia, chamei-a lá fora. Não gritei porque sabia o que se passava, pois tinha uma amiga com exatamente o mesmo problema de atitude. Perguntei-lhe se o seu comportamento era correto e se isso a ajudaria na sua carreira. Ela ficou calada e ouviu e, desde esse dia, nunca mais o fez. Penso que quando a abordei de uma forma amigável, ela apercebeu-se do seu erro. Se eu tivesse mostrado raiva, ela teria sido inflexível"*. A resposta acima desafia o argumento de Deresiewicz (2014) de que os alunos procuram emoções parentais nos seus professores em vez de uma imagem profissional. No entanto, a presente entrevista revelou que, mais do que apoio parental, os alunos procuram no professor um amigo, que seja acessível e os trate como amigos, para que possam partilhar sem hesitação.

Além disso, é importante salientar que Constanti e Gibbs (2004) que o trabalho emocional não satisfaz os académicos, é feito para satisfazer a gestão e os estudantes. Por outro lado, os professores estão constantemente a lutar para se alinharem com as normas de publicação da direção e as expectativas dos estudantes. normas de publicação da direção e as expectativas dos estudantes. Muitas vezes, a forma como tratam os seus alunos, respeitando o código de conduta estabelecido. A imagem altamente profissional ditada pelas normas de apresentação desilude os estudantes que procuram um apoio amigável e acessível por parte dos professores. Como salientaram dois estudantes, nem todos os professores são simpáticos e acessíveis. *"A geração mais velha de professores é demasiado sistemática, o que leva a uma certa monotonia, ao passo que os professores mais jovens são mais acessíveis.* Um outro estudante acrescentou*: "Na universidade, não me sinto ligado aos professores, é tudo demasiado profissional, pelo que hesito em discutir quaisquer problemas com eles".* Em vez disso, os estudantes consideram que a diferença de idade entre eles e os professores mais velhos actua automaticamente como uma barreira. Um outro estudante acrescenta que *"podemos dirigir-nos a qualquer professor para fins pedagógicos, mas quando preciso de um estímulo pessoal, só posso dirigir-me a um professor da geração mais jovem, que entra automaticamente em contacto comigo e não me julga". "Suponho que o principal problema é que os professores mais velhos não estão abertos a estas questões",* o que contrasta fortemente com o que os estudantes esperam dos seus professores. Além disso, dois estudantes sublinharam explicitamente que a idade não é um fator *"o que importa é se são abertos e acessíveis, e se estão abertos à crítica e à discussão".* Não procuram uma transferência de informação, mas sim professores capazes de os desafiar e de se interessarem por eles (Deresiewicz, 2014). Por outras palavras, *"os alunos precisam de orientação emocional por parte dos professores que os pais não lhes podem dar"* (Deresiewicz, 2014), algo que os professores negligenciam na sua abordagem profissional ao alinharem-se com as normas.

A aprendizagem é uma experiência emocional e o trabalho de um professor não é apenas transmitir conhecimentos; espera-se que *"faça emergir os pontos fortes adormecidos nos seus alunos"*, de acordo com Deresiewicz (2014). Para tal, os professores precisam de conhecer os seus alunos individualmente, o que pode muitas vezes exigir laços pessoais e uma ligação emocional, uma vez que os alunos gravitam em torno de professores com quem têm uma ligação pessoal. Do mesmo modo, um dos professores considera que *"sempre que dou exemplos da minha vida pessoal, isso aumenta a sua confiança. Uma aluna veio ter comigo e pediu-me ajuda porque pensava que ia chumbar. Expliquei-lhe que toda a gente falha e dei-lhe um exemplo de como eu tinha ultrapassado o meu fracasso. Penso que isso a ajudou realmente a compreender e a lidar com o cenário. Penso que um toque pessoal a nível universitário também faz a diferença, mais do que a disciplina, eles procuram realmente mentores em nós."* Além disso, a entrevista mostra claramente que os estudantes procuram nos seus professores mentores que os possam orientar e ajudar a pensar de forma diferente sobre as suas escolhas, por oposição a um tratamento profissional. Mas, como mencionámos nas secções anteriores, para se alinharem com as normas estabelecidas, os professores muitas vezes não se apercebem ou não respondem aos requisitos da tutoria, uma vez que o seu comportamento é influenciado pela instituição. Por conseguinte, em termos gerais, existe um fosso entre as expectativas dos estudantes e as percepções dos professores.

Por último, pode argumentar-se que estes efeitos negativos nos alunos se devem ao facto de os professores não terem recebido formação profissional em matéria de normas de postura e gestão emocional. Em vez disso, receberam uma breve orientação do diretor da instituição sobre regras e regulamentos relacionados com códigos de vestuário, horários e a missão e objectivos da instituição. Seguiu-se um debate no seio do departamento. Este facto pode, portanto, ser considerado como uma das lacunas que estão na origem dos efeitos negativos.

4.5 Resumo do capítulo

Este capítulo apresenta uma análise pormenorizada dos dados recolhidos durante as entrevistas. Os quatro temas dominantes descobertos durante a entrevista são examinados em pormenor, juntamente com os resultados. O capítulo anterior apresenta a conclusão e as suas implicações para os gestores e as organizações.

CAPÍTULO 5: CONCLUSÕES E IMPLICAÇÕES

Este capítulo resume os resultados e apresenta recomendações para os gestores e implicações para a investigação futura.

5.1 Resumo dos resultados

O principal objetivo desta dissertação foi investigar se existe regulação emocional em ambientes académicos e os seus efeitos na perspetiva de estudantes e docentes. Para tal, planeei realizar esta dissertação inspeccionando quatro objectivos: *compreender quais as emoções que são relevantes ou destacadas como relevantes, compreender de que forma as organizações influenciam a regulação emocional, destacar possíveis estratégias e efeitos da regulação emocional* e *compreender se existem emoções durante a interface pessoal-estudante na perspetiva de funcionários e estudantes.*

Os objectivos foram abordados através das respostas e da análise, tal como interpretados no capítulo anterior. O primeiro objetivo foi explicitamente abordado pelos participantes. Embora percebido como um índice de irracionalidade (Arvey et. al, 1998) defendido desde a revolução industrial, ambas as categorias de participantes descobriram a sua existência e a sua relevância nas suas vidas pessoais e profissionais de formas distintas. As respostas também confirmaram a visão de Barsade (2007) de que as pessoas não são *"ilhas emocionais isoladas"*. Pelo contrário, transportam as suas caraterísticas, estados de espírito e emoções enquanto trabalham, o que as influencia a elas e aos outros colegas. De um modo geral, estas respostas desafiam os investigadores que têm percepcionado a emoção em oposição à imagem racional da organização (Friedman, 1998, citado em Brown, 2011).

O segundo objetivo examinou o papel e a influência da organização na regulação emocional. Isto foi discutido no capítulo anterior sob os títulos *"a necessidade de regular as emoções"* e *"estratégia de gestão das emoções (especificamente a gestão das emoções através de acções superficiais)"*. Os professores mencionaram explicitamente que, mais do que as regras organizacionais, as suas emoções eram frequentemente protegidas e moldadas por normas socioculturais. Estas normas, adicionadas às regras organizacionais de destacamento, tornaram-se tão regulares na sua rotina de trabalho que não se apercebem disso quando as estão a praticar. Além disso, tanto os professores como os estudantes reconheceram unanimemente que os professores recorrem frequentemente a comportamentos superficiais para gerir emoções inadequadas, como o stress, a raiva, etc., a fim de se alinharem com as normas organizacionais. Este quadro de respostas confirma a afirmação de Hochschild (1983) de que os empregados gerem as suas emoções para satisfazer as necessidades da organização.

O terceiro objetivo dizia respeito às várias *"estratégias de gestão das emoções"*. Verificou-se que os professores e os alunos modificavam estrategicamente as suas emoções em função das circunstâncias, o que é definido na literatura como regulação emocional. Os alunos notaram uma disparidade no comportamento do professor entre a sala de aula e a sala de reuniões. Sentiram-se atentos e empáticos na sala de reuniões, enquanto na sala de aula se comportaram de forma profissional. Além disso, a análise revelou que os professores utilizavam estrategicamente a sala de reuniões para libertar o stress e a raiva, que de outra forma seriam considerados inadequados. Estes exemplos confirmam a noção de Goffman (1959) de que os bastidores, neste caso a sala de reuniões, podem ser usados como uma fase preparatória que, se revelada em frente dos alunos, pode prejudicar o seu desempenho e imagem. Além disso, a *"regulação emocional e a gestão da impressão"* mostraram como os professores e os alunos recorreram a um comportamento superficial para dar uma impressão de acordo com as normas de apresentação. Os estudantes afirmaram que tentavam intencionalmente dar uma impressão que lhes fosse benéfica, ao contrário dos professores que afirmaram que, embora isso fosse muitas vezes necessário, nunca o faziam intencionalmente. Estas respostas põem em causa Gouldner (citado em Williams, 1986) que questionou a relevância da gestão da impressão na sociedade contemporânea. Além disso, a ação de superfície foi tão socializada no seu papel profissional que tiveram dificuldade em recordar casos em que tiveram de reprimir as suas emoções pessoais, confirmando o facto de a regulação emocional e a ação de superfície parecerem fazer parte da sua responsabilidade profissional (Rafaeli e Sutton, 1989, citados em Barsade e Gibson, 2007).Tudo isto resume o argumento levantado por Goffman (1959) e Grove e Frisk (1989, citados em Ashforth e Humphrey, 1993) de que os empregados ou, neste caso, os estudantes e os professores usam *"dispositivos expressivos"* de propósito para orientar o seu comportamento na direção dos seus interesses.

Além disso, o terceiro objetivo dizia respeito aos *"efeitos da regulação emocional"*. É importante salientar aqui que os professores não sofreram quaisquer efeitos adversos da regulação emocional, uma vez que a aceitaram como parte do seu trabalho. Pelo contrário, experimentaram *um "enriquecimento emocional"* ao identificarem-se com o seu papel no seu trabalho, o que confirma as conclusões de Ashforth e Humphrey (1993, citado em Chandwani e Sharma, 2015) de que a auto-seleção do trabalho tem um impacto positivo. Isto desafia as conclusões de Hochschild (1983) e Chau et.al (2009) de que a regulação emocional tem um impacto negativo nos trabalhadores, conduzindo frequentemente à rotatividade e ao stress. Por outro lado, a regulação emocional torna muitas vezes as interações previsíveis (Ashforth e Humphrey, 1993), o que pode ter aliviado os professores de um stress intenso, porque conheciam os parâmetros gerais de qualquer interação. Além disso, a regulação emocional, particularmente através de acções superficiais, não afectou os professores porque eles anteciparam a regulação das suas emoções (Gross 1989 citado em Barsade e Gibson, 2007). Pelo contrário, teve um impacto negativo sobre os alunos, como revelou a análise ex-post. *Os "efeitos negativos"* respondem simultaneamente ao último objetivo relativo às *"interações entre o pessoal e os estudantes"*. As respostas dos estudantes confirmaram a sua hesitação e falta de entusiasmo em abordar os professores que eram "extra" rigorosos. Pode dizer-se que esta hesitação afecta as aulas, o que é confirmado por Gaan (2012), que constatou que o comportamento superficial reduz a eficácia do ensino. Além disso, esta "imagem rígida" cria frequentemente uma rutura na relação aluno-professor, o que tem um impacto negativo nos estudantes. O profissionalismo inerente afectava os estudantes, que esperavam um vínculo de atenção, empatia e tutoria que os professores, muitas vezes inconscientemente, negligenciavam ao alinharem-se com os padrões de exibição da instituição. Por conseguinte, pode dizer-se que as interações quotidianas parecem sofrer de supressão de emoções (Ogbonna e Harris, 2004). Isto desafia ainda mais a perceção de que a regulação emocional é efectuada para a satisfação e o bem-estar dos estudantes (Larson, 2008, Constanti e Gibbs, 2004). Em geral, os efeitos mencionados sobre os estudantes apoiam a afirmação de Deresiewicz (2014) de que os estudantes não procuram transferir informações dos professores, mas sim ser atendidos. Além disso, esta ignorância pode ter sido provocada pelo facto de os docentes não terem recebido formação formal, o que acentua as exigências emocionais do seu trabalho.

No entanto, é realmente ingénuo tentar tirar qualquer conclusão concreta sobre a regulação emocional no meio académico, uma vez que o campo de investigação é tão frequente e tão irrevogavelmente limitado a uma população-alvo minúscula. Por isso, vou continuar, explicando como e porquê a minha tese deve contribuir para a literatura disponível sobre os tópicos que abordei. Em primeiro lugar, a literatura sobre regulação emocional na Índia é muito limitada, especialmente no contexto académico. Em segundo lugar, considero que os estudos que abordam a regulação emocional produziram sempre uma perspetiva de uma única parte, negligenciando os clientes ou os estudantes. Esta tese tentou, portanto, colmatar estas lacunas, salientando a importância e os efeitos das emoções no ambiente académico indiano, na perspetiva de professores e estudantes. estudantes. Contribui para alargar o fosso entre as expectativas dos estudantes e a abordagem do docente, o que conduziu a resultados negativos. De um modo geral, as conclusões e recomendações que se seguem podem ajudar os futuros investigadores neste domínio e os gestores de recursos humanos.

5.2 Recomendações

As recomendações que se seguem foram extraídas dos resultados da tese. É importante referir que a importância das emoções foi frequentemente negligenciada na literatura e no sector da educação no passado. No entanto, com o rápido crescimento do emprego no sector dos serviços, em particular na educação, as emoções e a regulação emocional parecem ser um tema alarmante, uma vez que os trabalhadores não são seres emocionais isolados. Pelo contrário, todos trazem as suas caraterísticas, estados de espírito e emoções para o local de trabalho e influenciam-se mutuamente (Barsade, 2007). Assim, os responsáveis pelos recursos humanos dos estabelecimentos de ensino devem ter em conta nas suas políticas os seguintes aspectos:

- **Recrutamento e seleção**: Este estudo encontrou resultados positivos para os professores porque eles eram apaixonados pelo ensino e, portanto, auto-selecionaram a sua profissão. Isto confirma os resultados de Ashforth e Humphrey (1993, citados em Chandwani e Sharma, 2015), que descobriram que a auto-seleção de um emprego leva a resultados positivos. Isto realça o facto de o impacto positivo da regulação emocional depender das caraterísticas individuais (Morris e Feldman, 1997) e não da organização. Assim, para manter e obter os efeitos positivos, as organizações educativas teriam de modificar as suas políticas de recrutamento e seleção (Morris e Feldman, 1997). Isto também confirma a recomendação de Zapf (2002, citado em Smith, 2013) para que as organizações tenham em conta o trabalho emocional na sua conceção organizacional formal e nas políticas de recrutamento, seleção e formação, de modo a reduzir os seus efeitos negativos. A recomendação de Zapf (2002, citado em Smith, 2013) poderia aplicar-se também ao sector da educação, uma vez que os professores universitários realizam comparativamente mais trabalho emocional (Berry e Cassidy, 2013). Por conseguinte, os candidatos devem ser julgados e selecionados com base nas suas competências, tendo em conta os aspectos emocionais do trabalho, a fim de selecionar a pessoa que satisfaz todos os requisitos profissionais da instituição de ensino. Desta forma, será possível selecionar indiretamente o candidato certo e, por conseguinte, reduzir as consequências negativas.

- **Reconhecimento das emoções**: As organizações educativas e os líderes devem reconhecer a importância e a relevância do trabalho com as emoções. Pode argumentar-se que os resultados negativos se devem ao facto de as organizações educativas ignorarem os esforços dos funcionários para gerirem as suas emoções de modo a alinharem-se com os padrões de exibição institucionais. Assim, a regulação emocional conduz frequentemente à dissonância emocional, que leva (Chau et.al, 2009) a um menor nível de satisfação no trabalho e à rotatividade dos trabalhadores, o que acaba por afetar o desempenho e os resultados das organizações. Além disso, pode argumentar-se que, se o trabalho emocional não for reconhecido, pode afetar o bem-estar dos trabalhadores (Smith, 2013). Pode também afetar o bem-estar psicológico e o desempenho dos trabalhadores (Wargnier, 2014), causando stress. Por conseguinte, os gestores e as organizações, especificamente as organizações educativas, devem reconhecer a importância do trabalho emocional (Smith, 2013), a fim de criar um ambiente produtivo e menos stressante.

- **Satisfação dos estudantes**: Constanti e Gibbs (2004) defendem que a regulação emocional não beneficia os professores, mas é implementada para a satisfação e o bem-estar (Larson, 2008) dos estudantes e da direção. Mas parece que, para satisfazer os padrões de exibição da direção, os docentes negligenciam frequentemente as necessidades dos estudantes. Como resultado, surgiu uma tensão entre as expectativas dos estudantes ( ) e as atitudes dos docentes em relação a elas, o que teve um impacto negativo nos estudantes. A fim de colmatar esta lacuna, é necessário criar um comité consultivo formal de estudantes-professores, onde as questões relacionadas possam ser debatidas com vista a encontrar uma solução.

- **Programa de formação -** Os resultados negativos da organização estudada neste caso podem dever-se ao facto de os professores não terem recebido formação formal sobre os aspectos emocionais da sua profissão. Assim, a formação pode ser vista como um meio de promover um grupo de professores mais empenhado e produtivo (Brum, 2007), o que acabaria por reduzir os aspectos negativos encontrados nesta organização.

Por último, é importante sublinhar que estas recomendações são propostas com base nas caraterísticas específicas da organização estudada. Além disso, podem ser utilizadas como enquadramento por outras organizações (no sector da educação ou noutros sectores) que sofram de impactos semelhantes da regulação emocional.

5.3 Plano de ação

O plano de ação é preparado em resposta às recomendações acima referidas, com o objetivo de reduzir os resultados negativos sentidos pelos participantes. Este plano de ação também pode ser utilizado como enquadramento por outras instituições de ensino na Índia que sofram dos mesmos impactos da regulação emocional. As recomendações devem ser apresentadas em primeiro lugar ao diretor de recursos humanos, que poderá eventualmente implementar o plano com a direção. Eis o plano de ação proposto para este estabelecimento de ensino:

novembro de 2015- O Diretor dos RH deve reunir-se formalmente com o seu serviço para discutir as recomendações sobre as questões destacadas no relatório. Em seguida, deve falar com a direção e o chefe da organização sobre as conclusões e desenvolver um plano para implementar as recomendações. A direção deve também discutir a importância e a necessidade ( ) de introduzir um programa de formação que reconheça o quadro de regulação emocional delineado pela recomendação. Além disso, devem formar dois comités de recrutamento, seleção e formação para dividir o trabalho entre os diferentes departamentos. Estes dois comités desenvolverão planos para implementar as políticas de regulação emocional no recrutamento e na formação. A administração pode contratar uma equipa de formação externa para supervisionar e trabalhar com a sua própria equipa. Isto pode ser necessário porque a direção não tem experiência anterior na organização de programas de formação. Desta forma, os pormenores intrincados da empresa fornecidos pelo pessoal e os conhecimentos técnicos da agência de formação formarão um equilíbrio produtivo.

novembro de 2015 - dezembro de 2015 - O diretor-adjunto e a direção reúnem-se e selecionam a agência de formação após várias reuniões. O comité de formação e a agência reúnem-se e elaboram um possível plano. O programa de formação foi planeado para ter lugar de seis em seis meses durante o primeiro ano, e depois uma vez por ano para os professores. A questão do reconhecimento do trabalho emocional será resolvida pelo programa de formação, que visa reduzir os efeitos nocivos da regulação emocional. O comité de recrutamento-seleção e o comité de formação começaram a trabalhar para atingir o seu objetivo.

janeiro de 2016 - O serviço de Recursos Humanos e a direção reúnem-se com os comités para verificar o estado de adiantamento das políticas de recrutamento, seleção e formação, antes de as transmitirem ao chefe da organização. Estes sugerem e recomendam alterações. Simultaneamente, a direção, o chefe da organização e os chefes de departamento reúnem-se para discutir as questões levantadas, a tutoria e a formação de um comité consultivo aluno-professor.

Decidiram criar um comité de estudantes composto por um representante eleito de cada turma e dois professores de cada departamento. No que diz respeito à tutoria, os diretores de departamento serão convidados a informar os professores sobre a procura de tutores. Decidiram reunir-se em março de 2016, após as reuniões internas dos departamentos, para definir os professores para a tutoria e o comité professor-aluno.

fevereiro de 2016- O responsável pelos recursos humanos e a direção reúnem-se e apresentam a versão final do programa de formação e das políticas de recrutamento e seleção ao chefe da organização e aos chefes de departamento. Estes discutem as alterações implementadas e tomam uma decisão final sobre as mesmas. Além disso, o diretor-adjunto e a sua equipa implementam um programa-piloto de formação para os professores e recolhem o seu feedback.

março de 2016 - abril de 2016 - Os chefes de departamento, os professores e o chefe da organização reúnem-se para finalizar o comité consultivo aluno-professor e as possíveis áreas de discussão. O objetivo é reunir-se mensalmente para verificar os progressos e encontrar soluções para as dificuldades encontradas pelos estudantes. Simultaneamente, o chefe de departamento formará um comité composto por dois professores de cada departamento para organizar uma tutoria para os estudantes interessados em dias específicos do novo período e submetê-la ao comité. O tempo total dedicado à tutoria será de uma hora por semana para cada professor, de modo a não aumentar a sua carga de trabalho. Além disso, os nomes dos membros do comité para a união professor-aluno e para a tutoria são definidos. O Departamento de Recursos Humanos e o Chefe da Organização reúnem-se para discutir o feedback sobre o quadro de formação e recrutamento e implementar alterações antes do início da sessão seguinte.

maio de 2016 - Os comités apresentam a demonstração final do novo quadro de recrutamento e de formação ao serviço de RH, à direção e ao chefe de organização antes da sua aplicação a partir do novo período. Simultaneamente, o Chefe de Organização e os Chefes de Departamento reúnem-se com os membros da Faculdade e da União de Estudantes e com os mentores e discutem em pormenor as suas funções. Os comités estão prontos para começar a trabalhar na nova sessão académica.

A política de recrutamento-seleção e o programa de formação serão acompanhados ao fim de um ano para verificar as vantagens e desvantagens obtidas na organização. Por outro lado, a evolução do programa de tutoria e da associação de estudantes-professores será objeto de um acompanhamento semestral, a fim de implementar alterações em função da satisfação dos estudantes. Em conclusão, o plano proposto apresenta um risco pelo facto de ser completamente novo em relação ao que se passou anteriormente na instituição. Por conseguinte, o plano prevê uma revisão após seis meses e um ano, a fim de efetuar as alterações necessárias. O plano envolveu uma despesa mínima com a contratação de uma agência de formação externa de renome sediada na cidade.

5.4 Limites

O estudo identificou uma série de limitações. Uma está relacionada com a abordagem de estudo de caso e com a dimensão reduzida da amostra. Apenas seis estudantes e seis professores da organização estudada foram entrevistados devido a limitações de número de palavras, tempo e distância. Por conseguinte, os resultados não podem ser generalizados à Índia, uma vez que o estudo foi realizado numa organização urbana (Saunders et. al, 2009). Em segundo lugar, as entrevistas foram efectuadas por videoconferência; entrevistas presenciais na organização teriam permitido uma melhor compreensão do ambiente organizacional e dos participantes. Em terceiro lugar, o estudo pode ser criticado pela sua natureza de género, uma vez que a organização estudada era um colégio feminino na Índia. Isto levanta a questão de saber até que ponto os participantes e a instituição são representativos da Índia em termos das suas diversas normas culturais e sociais. Por último, é de notar que foi difícil investigar as emoções, uma vez que os participantes tiveram dificuldade em exprimir a importância das emoções que são tidas como garantidas.

5.5 Sugestões para investigação futura

O presente estudo analisou a regulação emocional entre os professores de uma instituição de ensino superior indiana (estudo de caso). Para investigação futura, poderá ser interessante desenvolver um estudo transnacional com professores e estudantes de toda a Índia. Mesmo um estudo comparativo entre instituições académicas indianas e ocidentais, que avaliasse a regulação emocional de professores e estudantes, poderia fornecer resultados frutuosos. Além disso, é de salientar que este estudo foi efectuado dentro de prazos rigorosos e com barreiras geográficas. No futuro, o mesmo estudo poderia ser realizado com uma amostra maior, recorrendo à observação participante e a entrevistas aprofundadas dentro da instituição durante um período alargado. Por fim, o mesmo estudo pode ser construído para analisar a regulação emocional em estudantes de doutoramento e seus supervisores com uma amostra maior e um período alargado.

5.6 Reflexão

O ponto de partida para esta tese foi cheio de armadilhas. Inicialmente, tive dificuldade em escolher um tema de dissertação que fosse da minha área de interesse e acessível. Demorei muito tempo a finalizar o tema, porque a minha última experiência de dissertação alertou-me para a necessidade de escolher um tema que me apaixonasse, para que me mantivesse determinada até ao fim. Por isso, penso que a minha experiência anterior me facilitou as coisas, porque sabia o essencial sobre o tema. O segundo passo foi procurar os artigos académicos relevantes necessários para a revisão da literatura. O feedback constante do meu supervisor, apesar da falta de artigos académicos, tornou-me confiante e paciente quando entrei em pânico e guiou-me através da análise crítica da literatura disponível. O procedimento de recolha de dados não foi fácil, pois tive de realizar entrevistas em vídeo com os entrevistados numa altura oportuna, apesar da diferença horária e dos problemas de ligação. Além disso, a rejeição da gravação da entrevista exigiu-me um esforço adicional em termos de tomada de notas ao mesmo ritmo da entrevista, o que foi bastante difícil. No entanto, o período da dissertação exigiu competências de gestão do tempo para a concluir sem problemas. Tive de ser mais organizado para terminar cada parte a tempo, de modo a ter tempo suficiente para a revisão. Além disso, penso que aprendi a apresentar um relatório pormenorizado e conciso, uma vez que produzi a dissertação dentro do prazo de , o que é um feito em si mesmo. Senti-me realizado quando terminei esta dissertação, porque fiz um esforço para a melhorar. Além disso, devo reconhecer que esta dissertação me proporcionou um conjunto de conhecimentos académicos e me incutiu os pormenores da realização de uma dissertação, desde a aplicação da ética à apresentação de dados, que ainda me podem ajudar no desenvolvimento da minha carreira. Além disso, descobri que o facto de reconhecer os pequenos passos que dei, em vez de entrar em pânico com os meus próprios fracassos, me motivou a trabalhar mais. Espero ser capaz de aplicar os conhecimentos que adquiri neste curto período do meu curso mais tarde na vida com a mesma paixão e determinação.

REFERÊNCIAS

Adelman, P. K. *(1989) Emotional Labor and Employee Well-being.* Dissertação de doutoramento não publicada, Universidade de Michigan, Ann Arbor. Em Chu, K. (2002). *The Effects of Emotional Labour on Work Outcomes* (Dissertação de doutoramento, Virginia Polytechnic Institute & State University, Blacksburg, Virginia). Recuperado de http://scholar.lib.vt.edu/theses/available/etd-06302002-164031/unrestricted/Chuetd.pdf.

Anafarta, N. (2015). Job Satisfaction as a Mediator between Emotional Labour and Intention to Quit. *International Journal Of Business and Social Science,* 6(2), 72-81. Recuperado de dehttp://ijbssnet.com/journals/Vol 6 No 2 fevereiro 2015/11 .pdf

Arvey, D., Renz, L. e Watson, W. (1998). Emotionality and Job Performance: Implications for Personnel Selection. *Research in Personnel & Human Resources Management,* 16, 103-147.

Ashforth, B. e Humphrey, R. (1993). Emotional Labour in Service Roles: The Influence of Identity (Trabalho Emocional em Funções de Serviço: A Influência da Identidade). *The Academy of Management Review,* 18(1), 88-115. Extraído de http://www.jstor.org.eresources.shef.ac.uk/stable/pdf/258824.pdf7acceptTC=true

Ashforth, B. e Humphrey, R. (1993). Emotional Labour in Service Roles: The Influence of Identity (Trabalho Emocional em Funções de Serviço: A Influência da Identidade). *The Academy of Management Review,* 18(1), 88115. In Chu, K. (2002). *The Effects of Emotional Labour on Work Outcomes.* (Dissertação de doutoramento, Virginia Polytechnic Institute & State University, Blacksburg, Virginia). Recuperado de http://scholar.lib.vt.edu/theses/available/etd-06302002-164031/unrestricted/Chuetd.pdf.

Ashforth, B. e Humphrey, R. (1995). Emotion in the Workplace: A Reappraisal. *Human Relations,* 48(2), 97-125. doi : 10.1177/001872679504800201

Barsade, SG. e O'Neill O.A. (2005). Affective Organisational Culture Academy of Management Presentation. Nova Orleães, LA. Em Barsade, S. e Gibson, D. (2007). Why Does Affect Matter in Organisations? *Academy of Management,* 36-59. De http://www.donaldegibson.com/files/Why%20Does%20Affect%20Matter.pdf

Barsade, S. e Gibson, D. (2007). Why Does Affect Matter in Organisations? *Academy of Management,* 36-59. Obtido em http://www.donaldegibson.com/files/Why%20Does%20Affect%20Matter.pdf

Barsade, S., Brief, A. e Spataro, S. (2003). A revolução afectiva no comportamento organizacional: A emergência de um paradigma. Em J. Greenberg (Ed.), Organizational Behavior: The State of the Science (pp. 3-52). Londres: Lawrence Erlbaum Associates, Publishers. Em Barsade, S. e Gibson, D. (2007). Why Does Affect Matter in Organisations? *Academy of Management,* 36-59. De http://www.donaldegibson.com/files/Why%20Does%20Affect%20Matter.pdf

Barsade, S. (2007). Gerir as emoções no local de trabalho: as atitudes positivas ou negativas impulsionam o desempenho? *Knowledge @ Wharton.* Recuperado de http://knowledge.wharton.upenn.edu/article/managing-emotions-in-the-workplace-do-positive-and-negative-attitudes-drive-performance/

Bassey, M. (1999). *Case Study Research in Educational Settings.* 1st ed. Buckingham [Inglaterra]: Open University Press.

Berry, K. e Cassidy, S.(2013). Trabalho Emocional em Docentes Universitários: Considerações para as Instituições de Ensino Superior. *Journal of Curriculum and Teaching,* 2(2), 22-36. doi: 10.5430/jct.v2n2p22

Brotheridge, CM. e Grandey, AA. (2002). Emotional labour and burnout: comparing two perspectives of people work, *Journal of Vocational Behaviour,* 60 , 17-39. In Wharton, A. (2009). The Sociology of Emotional Labour. *Revista Anual de Sociologia,* 35, 147-165

Brown, E. (2011). *Emotion Matters: Exploring the Emotional Labour of Teaching* (Dissertação de doutoramento, Universidade de Pittsburgh, Pensilvânia, EUA). Recuperado de http://d-scholarship.pitt.edu/7209/

Brum, S. (2007). *What is the impact of training on employee engagement and turnover? Schmidt Labor Research Center Seminar Paper Series,* 1-13. Extraído de
http : //www.uri .edu/research/lrc/research/papers/Brum-Commitment.pdf

Bryman, A. e Bell, E. (2007). *Business Research Methods.* 2(nd) ed. Nova Iorque: Oxford University Press

Chandwani, R. e Sharma, D. (2015). Emotion management or emotional enrichment (Gestão das emoções ou enriquecimento emocional). *Indian Institute of Management, Ahmedabad, Índia.* 1- 24.Retrieved from
http :
//www.iimahd.ernet.in/assets/snippets/workingpaperpdf/14077385902015-03-42.pdf

Chau, S., Dahling, J., Levy, P., Diefendorff, J. (2009). A predictive study of Emotional labor and Turnover. *Journal of Organisational Behaviour,* 30(8), 1151-1163. doi:101002/job.617.

Constant, P. e Gibbs, P. (2004). Os professores do ensino superior e o trabalho emocional. *International Journal of Educational Management,* 18 (4), 243-249. doi : 10.1108/09513540410538822.

Cooper, D. R. e Schindler, P. S. (2008), *Business Research Methods.* 10th ed. Londres: McGraw-Hill.

Denzin, N. (2002). Much Ado about Goffman. *The American Sociologist,* 33(2), 105-117. Extraído de http : //www.j stor.org/stable/27700306?seq=1 #conteúdo do separador de digitalização de páginas

Deresiewicz, W. (2014). Guias espirituais. De http://www.slate.com/articles/life/education/2014/08/the melhores professores e professoras assemelham-se às figuras parentais que fornecem.html

Ekman, P. (1973). Estudos interculturais da expressão facial. Em Harini, C. (2013) Through The Years: Evolution Of Emotional Labour As A Construct And A Measure. *Revista Internacional de Sociologia e Investigação Interdisciplinar,* 2(9), 121-130. Recuperado de http://indianresearchj ournals.com/pdf/U SSIR/2013/September/13 .pdf

Friedman, D. (1998). As três portas de Monty Hall: Construção e desconstrução de uma anomalia de escolha. *American Economic Review 88,* 933946. Em Brown, E. (2011). *Emotion Matters: Exploring the Emotional Labour of Teaching* (Dissertação de doutoramento, Universidade de Pittsburgh, Pensilvânia, EUA). Recuperado de http://d-scholarship.pitt.edu/7209/

Gaan, N. (2012). Impacto do trabalho emocional na eficácia do ensino: A Study of Higher Education in India [Um estudo sobre o ensino superior na Índia]. *The Indian Journal of Industrial Relations,* 47 (4), 673-684.

Recuperado de
-325892610/impact-of- emotional-labour-on-teaching-effectivenesshttps://www.questia.com/librarv/j ournal/ 1G1

Gardner, W. L. & Martinko , M. J. (1988). Impression Management in Organisations. *Journal of Management,* 14(2), 321-338. In Grandey, A. (2000). Emotional Regulation in the Workplace: A New Way to Conceptualize Emotional Labour. *Journal of Occupational Health Psychology,* 5(1), 95-110. doi:10.1037.//1076-8998.5.1.95.

Goffman, E. (1959). Self-presentation in everyday life. Londres: Penguin Books.

Grandey, A. (2000). Emotion Regulation in The Workplace: A New Way To Conceptualize Emotional Labour (Regulação das emoções no local de trabalho: uma nova forma de concetualizar o trabalho emocional). *Journal of Occupational Health Psychology,*5(1), 95-110. doi:10.1037.//1076-8998.5.1.95.

Gross, J. J. (1998). Antecedent- and response-focused emotion regulation: Divergent consequences for experience, expression, and physiology. *Journal of Personality and Social Psychology,* 74(1). Em Harini, C. (2013). Through The Years: Evolution Of Emotional Labour As A Construct And A Measure. *Revista Internacional de Sociologia e Investigação Interdisciplinar,* 2, 1-10. Recuperado de
http: //indianresearchj ournals.com/pdf/IJ SSIR/2013/September/13 .pdf

Gross, J.J. (1998b). Antecedent and response-focused emotion regulation: Divergent consequences for experience, expression, and physiology. *Journal of Personality and Social Psychology,* 74(1), 224 -237. Em Barsade, S. e Gibson, D. (2007). Why Does Affect Matter in Organisations? *Academy of Management,* 36-59. Extraído de
http://www.donaldegibson.com/files/Why%20Does%20Affect%20Matter.pd

f

Grove, S. J. e Frisk, R. P. (1989). Impression Management in Services marketing: A Dramaturgical Perspective. Em Ashforth, B. & Humphrey, R. (1993). Emotional Labour in Service Roles: The Influence of Identity. *O Academy of Management Review,* 18(1), 88-115. Extraído de http://www.jstor.org.eresources.shef.ac.uk/stable/pdf/258824.pdf7acceptTC=true

Harini, C. (2013). Through The Years: Evolution Of Emotional Labour As A Construct And A Measure. *Revista Internacional de Sociologia e Investigação Interdisciplinar,* 2(9), 121-130. Recuperado de http: //indianresearchj ournals.com/pdf/IJ SSIR/2013/September/13 .pdf

Hochschild, A. (1983). *The Managed Heart: The Commercialization of Human Feeling (O Coração Gerido: A Comercialização dos Sentimentos Humanos).* Londres: University of California Press Limited.

Hochschild, A. (1983). *The managed heart: Commercializing human feelings.*
Berkeley: University of California Press. Em Chu, K. (2002). *The Effects of Emotional Labour on Work Outcomes* (Dissertação de doutoramento, Virginia Polytechnic Institute & State University, Blacksburg, Virginia). Retirado de http://scholar.lib.vt.edu/theses/available/etd-06302002-164031/unrestricted/Chuetd.pdf

Igo, D. e Totterdell, P. (2007). Trabalho emocional e emoções l'épuisement : Mecanismos interpessoais e intrapessoais. *Trabalho e Stress,* 21(1) : 30-47. In Chandwani, R. & Sharma, D. (2015). Gestão das emoções ou enriquecimento emocional. *Indian Institute of Management, Ahmedabad, Índia.* 1-24.Retrieved from http://www.iimahd.ernet.in/assets/snippets/workingpaperpdf/140773859020

15-03-42.pdf

Ispas, D., Illiescu, D., Illie, A., Sulea, C., Askew, K., Rohlfs, J., Whalen, K. (2014). Revisitando a relação entre gerenciamento de impressões e desempenho no trabalho. *Journal of Research In Personality,* 51, 47-53. Recuperado de http://www.sciencedirect.com.eresources.shef.ac.uk/science/article/pii/S0092656614000464

Kvale, S. (1996). Interviews An Introduction To Qualitative Research Interviewing (Entrevistas: uma introdução à investigação qualitativa). 1ª ed. Londres: Sage Publications, Inc.

Larson, H. (2008). Emotional Labour The Pink Collar Duties of Teaching [Trabalho emocional: os deveres de colarinho cor-de-rosa do ensino]. *Ensino e Aprendizagem,* 1(1), 45-56. Extraído de http://www.worcester.edu/Currents/Archives/Volume 1 Número 1/CurrentsV1N1LarsonP45.pdf

Lincoln, Y.S. e Guba, E.G. (1985). *Naturalistic Inquiry.* Beverly Hills, CA: Sage Publications, Inc. in Abdulla, S. (2014). *A Case-Study of Cultural Influences on Leadership Effectiveness.* (Dissertação de mestrado, Universidade de Sheffield, Sheffield, Reino Unido). Recuperado de https://vle.shef.ac.uk/webapps/blackboard/execute/content/file?cmd=view&content id=1731697 1&course id=11677 1

Liu, Y. (2005). *The Antecedents and Outcomes of Emotion Regulation at Work.* (Dissertação de doutoramento, Universidade da Florida, EUA). Retirado de http://diginole.lib.fsu.edu/etd

Lyubomirsky, S., King, L. e Diener, E. (2005). The benefits of frequent positive affect: Does happiness lead to success? *Psychological Bulletin,* 131(6), 803- 855. Em Barsade, S. e Gibson, D. (2007). Why Does Affect Matter in Organisations? *Academy of Management,* 36-59. Retirado de http://www.donaldegibson.com/files/Why%20Does%20Affect%20Matter.pd f

Martin, S. E. (1999). Força policial ou serviço policial? Género e trabalho emocional. Em R. J. Steinberg, & D. M. Figart (Eds.), *Emotional labor in service economy* (pp. 111-

126). The Annals of the American Academy of Political and Social Science, 561. Em Chu, K. (2002). *The Effects of Emotional Labour on Work Outcomes* (Dissertação de doutoramento, Virginia Polytechnic Institute & State University, Blacksburg, Virginia). Recuperado de http://scholar.lib.vt.edu/theses/available/etd-06302002-164031/unrestricted/Chuetd.pdf

Montgomery, A. J., Panagopolou, E., de Wildt, M. e Meenks, E. (2006). Work-family interference, emotional labor and burnout. *Journal of Managerial Psychology, 21*(1), 36-51. Em Brown, E. (2011). *Emotion Matters: Exploring the Emotional Labour of Teaching* (Dissertação de doutoramento, Universidade de Pittsburgh, Pensilvânia, EUA). Recuperado de http://d-scholarship.pitt.edu/7209/

Morris, J.A. e Feldman, D.C. (1997). The Dimensions, Antecedents and Consequences of Emotional Labour (Dimensões, Antecedentes e Consequências do Trabalho Emocional). *Academy of Management Review,* 21(4), 986-1010. Obtido em http://www.j stor.org/stable/259161

Morris, J.A. e Feldman, D.C. (1997). Gerir as emoções no
lieu de travail. *Journal of Managerial Issue, 9*(3), 257-274. Obtido em http://www.j stor.org./stable/40604417

Mumby, D. K. e Putnam, L. L. (1992). The politics of emotion: A feminist bounded rationality. *The academy of management review*, 17(3), 465-486.

Em Harini, C. (2013). Through The Years: Evolution Of Emotional Labour As A Construct And A Measure. *International Journal of Sociology & Interdisciplinary Research,* 2(9), 121-130. Recuperado de http : //indianresearchj ournals.com/pdf/IU SSIR/2013/September/13 .pdf

Neuman, W. (2011). Social research methods: Qualitative and quantitative approaches (Métodos de investigação social: abordagens qualitativas e quantitativas). Boston: Pearson Education, Inc.

Ogbonna, E. e Harris, L. (2004). Work Intensification and Emotional Labour Among UK University Lecturers: An Exploratory Study. *Organisation Studies,* 25, 1195-1203. doi : 10.1177/0170840604046315.

Ostroff, C. (1992). The relationship between satisfaction, attitudes and performance: An organisational level analysis". *Journal of Applied Psychology77/6*: 963-974. In Ogbonna, E. & Harris, L. (2004). Work Intensification and Emotional Labour Among UK University Lecturers: An Exploratory Study" [Intensificação do trabalho e trabalho emocional entre professores universitários do Reino Unido: um estudo exploratório]. *Organisation Studies,* 25, 1195-1203. doi : 10.1177/0170840604046315.

Parkin, H. (2014). *Uma Sociologia Visual Aplicada'.Picturing Harm Reduction.* (Ashgate: Reino Unido)

Preves, S. e Stephenson, D. (2009). A sala de aula como palco: Gestão de impressões no ensino colaborativo. *Teaching Sociology,* 37(3), 245256. Recuperado de http://www.j stor.org/stable/25594008

Priyaadharshini, R. G. e C, S.R. (2010). Um estudo sobre a relação entre inteligência emocional, cultura organizacional e gestão de impressões. *Journal of Contemporary Research in Management,* 69-82. De http: //www.psgim.ac. in/j ournals/index.php/j crm/article/viewFile/106/112

Pugliesi, K. (1999). The consequences of emotional work: Effects on work stress, job satisfaction, and well-being. *Motivação e Emoção, 23,* 125-154. In Harini, C. (2013). Through The Years: Evolution Of Emotional Labour As A Construct And A Measure. *Revista Internacional de Sociologia e Investigação Interdisciplinar,* 2(9), 121-130. Recuperado de http: //indianresearchj ournals.com/pdf/IJ SSIR/2013/September/13 .pdf.

Rafaeli, A. (1989), "When Cashiers Meet Customers: An Analysis of the Role of Supermarket Cashiers", *Academy of Management Journal,* 32: 245-.

73. In Gaan, N. (2012). Impact of Emotional Labour on Teaching Effectiveness: A Study of Higher Education in India [Impacto do trabalho emocional na eficácia do ensino: um estudo sobre o ensino superior na Índia]. *The Indian Journal of Industrial Relations,* 47 (4), 673-684. Extraído de
https://www.questia.com/libraryZj ournal/ 1G1 -325892610/impact-of-emotional-labour-on-teaching-effectiveness

Rafaeli, A. e Sutton, R. I. (1989). A expressão da emoção em
vida organizacional. Em Barsade, S. e Gibson, D. (2007). Why Does Affect Matter in Organisations? *Academy of Management,* 36-59. Retirado de http://www.donaldegibson.com/files/Why%20Does%20Affect%20Matter.pd
f

Reyers, A. (2011). *Emotional Regulation at Walt Disney World:Deep Acting vs Surface Acting* (tese de mestrado, University of Central Florida, Orlando, EUA). Recuperado de
http://etd.fcla.edu/CF/CFE0003684/Reyers Anne 201105 MA.pdf

Rich, M. e Ginsburg, K. (1999). The reason and rhyme of qualitative research: Why, when, and how to use qualitative methods in the study of adolescent health. *Journal of Adolescent Health,* 25, pp.371-378. doi : 10.1016/S1054-139X(99)00068-3

Sass, J. S. (2000). Emotional labor as cultural performance: The communication of caregiving in a nonprofit nursing home. *Western Journal of Communication,* 64(3) : 330-358. Em Chandwani, R. & Sharma, D. (2015). Gerir as emoções ou enriquecimento emocional. *Instituto Indiano de Gestão, Ahmedabad, Índia.* 1-24. Recuperado de http : //www.iimahd.ernet.in/assets/snippets/workingpaperpdf/14077385902015-03-42.pdf

Saunders, M., Lewis, P., Thornhill, A. (2009). *Métodos de investigação para estudantes de gestão.* 5th ed. Inglaterra: Pearson Education Limited

Silverman, D. (2010). *Doing Qualitative Research A Practical Handbook.* 3[rd]ed.London : Sage Publications, Inc

Smith, L. (2013). *Emotional Labour and Employee Well-being in the Hospitality Industry (*tese de mestrado, Universidade da Cidade do Cabo, África do Sul). Recuperado fromhttps://open.uct.ac.za/bitstream/handle/11427/13012/thesis com 2014smith 1 .pdf?seq uence=1

Thoits, P. A. (1989). A sociologia das emoções. *Annual Review of Sociology, 15.* In Harini, C. (2013). Through The Years: Evolution Of Emotional Labour As A Construct And A Measure. *Revista Internacional de Sociologia e Investigação Interdisciplinar,* 2(9), 121-130. Recuperado de http: //indianresearchj ournals.com/pdf/IJ SSIR/2013/September/13 .pdf

Tran, V. (1998). O papel do clima emocional nas organizações de aprendizagem. *Learning Organisation, 5(2). 99-103.* In Harini, C. (2013). Through The Years: Evolution of Emotional Labour As A Construct And A Measure.

Jornal Internacional de Sociologia e Investigação Interdisciplinar, 2(9), 121130. Recuperado de http: //indianresearchj ournals.com/pdf/IJ SSIR/2013/September/13 .pdf

Turner, D. (2010). Qualitative interview design: A practical guide for novice investigators. *The Qualitative Report,* 15(3), pp.754-760. de http://search.proquest.com.eresources.shef.ac.uk/docview/578480397?Open UrlRefId=info : xri/sid : primo

Van Maanen J. & Kunda, G. (1989), "Real Feelings: Emotional Expression and Organisational Culture". In Gaan, N. (2012). Impact of Emotional Labour on Teaching Effectiveness: A Study of Higher Education in India [Impacto do Trabalho Emocional na Eficácia do Ensino: Um Estudo do Ensino Superior na Índia]. *The Indian Journal of Industrial Relations,* 47 (4), 673-684. Recuperado

de https://www.questia.eom/library/j ournal/ 1G1 -325892610/impact-of-trabalho emocional sobre a eficácia do ensino

Wargnier, M. (2014). *Responsabilidades de regulação emocional e bem-estar psicológico: Efeitos do trabalho emocional nos gestores de RH e nas organizações.* (Tese de mestrado executivo, INSEAD, Índia). Obtido de https://flora.insead.edu/fichiersti wp/InseadEMCCCtheseswave13/80407.pdf

Williams, S. (1986). Appraising Goffman. *The British Journal of Sociology,* 37(3), 348-369. De http : //www.j stor.org. eresources.shef.ac. uk/ stable/pdf/590645. pdf

Yin, R. (2003). *Case Study Research Design and Methods.* 3(rd) ed. Califórnia: Sage Publications, Inc.

Zapf, D. (2002). Emotion work and psychological well-being A review of the literature and some concetual considerations. *Human Resource Management Review,* 12(2) : 237-268. Em Chandwani, R. & Sharma, D. (2015). Gestão das emoções ou enriquecimento emocional. *Instituto Indiano de Gestão, Ahmedabad, Índia.* 1-24. Recuperado de

http :
//www.iimahd.ernet.in/assets/snippets/workingpaperpdf/14077385902015-03-42.pdf

Zapf, D. (2002). Emotion work and psychological well-being A review of the literature and some concetual considerations. *Human Resource Management Review,* 12(2) : 237-268. In Smith, L. (2013). *Emotional Labour and Employee Well-being in the Hospitality Industry* (Dissertação de Mestrado em Comércio, Universidade da Cidade do Cabo, África do Sul). Obtido em https://open.uct.ac.za/bitstream/handle/11427/13012/thesis com 2014smith 1 .pdf?sequence=1

Zapf, D. e Holz, M. (2006). Sobre os efeitos positivos e negativos do trabalho emocional nas organizações. *Jornal Europeu de Psicologia do Trabalho e das Organizações,* 15(1): 1-28. Em Chandwani, R. & Sharma, D. (2015). Gestão das emoções ou enriquecimento emocional. *Instituto Indiano de Gestão, Ahmedabad, Índia.* 1-24. Retirado de Retirado de http: //www.iimahd.ernet.in/assets/snippets/workingpaperpdf/14077385902015-03-42.pdf

APÊNDICES

Apêndice 1 - Programa de manutenção

Esta é uma grelha de entrevista semi-estruturada. Foi utilizada como enquadramento para a realização da entrevista. As perguntas foram feitas de acordo com as respostas dos entrevistados, pelo que não seguiram rigorosamente o formato planeado. Algumas perguntas foram feitas tanto aos professores como aos alunos, enquanto outras eram específicas para estes últimos.

Perguntas para professores e alunos :

1. Como definiria a emoção?
2. Sente-se emocionado na sua vida privada e profissional? Explique-o com um exemplo.
3. Como é que as suas emoções se manifestam no trabalho? Utilize exemplos para o ajudar.
4. Que estratégias utilizam os professores ou os alunos para adotar um comportamento adequado? Porque é que o fazem?
5. O professor lida com as emoções no local de trabalho? Pode dar alguns exemplos específicos?
6. Há algum caso em que tenha sido obrigado a representar certas emoções que não estava a sentir? Pode dar exemplos de situações específicas em que, como professor ou aluno, teve de modificar as suas emoções para se alinhar com as normas da organização? Como é que se sentiu ao reprimir as suas emoções autênticas?

Perguntas específicas para os professores

1. Há alguma emoção que nunca expressaria em frente de um aluno (porquê?)?
2. O seu trabalho exige trabalho emocional? Porque é que acha que o trabalho emocional existe?
3. Quando se encontra com um estudante, as regras e os regulamentos incomodam-no? Ou encontra-os livremente?
4. Como é que a regulação emocional o fez sentir no final do dia?
5. Recebeu formação sobre regras de afixação e comportamento na organização?

<u>Perguntas específicas para os estudantes :</u>

1. Como é que os professores abordam os alunos? Correspondem às expectativas dos alunos?
2. Utiliza alguma estratégia para se encontrar com um professor?
3. Consegues exprimir "qualquer" emoção em frente de um professor?

Anexo 2- Ficha de informação

Data : 05.07.2015

Caro participante,

Está convidado a participar num estudo de investigação intitulado "Regulação emocional na educação: um estudo de caso da Índia", no âmbito do meu projeto de dissertação de mestrado. Em particular, pretendo estudar a forma como os académicos percepcionam o papel das emoções e a sua influência no seu trabalho, bem como as diferentes estratégias que implementam. Vou envolver as perspectivas de estudantes e professores, a fim de obter uma visão ampla do assunto. Por conseguinte, seria muito útil a sua participação nesta investigação, uma vez que pode fornecer informações enquanto estudante ou professor universitário.

Esta investigação exigirá aproximadamente trinta minutos do seu tempo. Durante esse tempo, será questionado sobre as suas experiências e opiniões relativamente à prevalência e importância da regulação emocional no meio académico. A entrevista incidirá sobre as estratégias e tácticas de gestão das emoções, o papel que as organizações desempenham na institucionalização dessas emoções e a prevalência das emoções nas interações quotidianas entre o pessoal e os estudantes. As entrevistas terão lugar numa altura conveniente, por videoconferência, e serão gravadas com o seu consentimento prévio. No entanto, todas as gravações serão destruídas depois de eu terminar o curso.

Não há riscos ou inconvenientes previstos para si enquanto participante, exceto o facto de nos ajudar a compreender melhor a importância da instituição da emoção na profissão de académico. A sua confidencialidade será protegida durante todo o estudo. As cassetes de vídeo serão fechadas com uma palavra-passe para garantir a segurança do projeto. Serão tomadas várias medidas para proteger o seu anonimato e a sua identidade. As entrevistas dactilografadas não conterão qualquer menção ao seu nome e qualquer informação suscetível de o identificar será suprimida. No entanto, a participação nesta investigação é inteiramente voluntária. Pode retirar-se do estudo em qualquer altura e por qualquer motivo.

Se tiver mais perguntas sobre os seus direitos enquanto participante neste estudo, pode contactar-me utilizando os dados abaixo indicados.

Agradecemos antecipadamente a sua participação. Por favor, preencha o formulário de consentimento anexado a este documento. Aguardamos o seu contacto em breve.

Cordiais saudações

Kinkini Chatterjee

Endereço eletrónico : kinkiniic@gmail.com

Apêndice 3 - Formulário de consentimento

Título do projeto de investigação: Regulação emocional na educação: um estudo de caso da Índia

Nome do investigador: Kinkini Chatterjee

Número de identificação do participante para este projeto: rubricar a caixa

1. Confirmo que li e compreendi a carta de informação datada de 05.07.2015 que explica o projeto de investigação acima referido e que tive a oportunidade de colocar questões sobre o projeto ☐

2. Compreendo que a minha participação é voluntária e que sou livre de me retirar a qualquer momento, sem indicar qualquer motivo e sem quaisquer consequências negativas. Além disso, se não desejar responder a uma ou mais perguntas específicas, posso recusar-me a fazê-lo. ☐

3. Compreendo que as minhas respostas permanecerão estritamente confidenciais (apenas se forem verdadeiras). Autorizo os membros da equipa de investigação a aceder às minhas respostas anónimas. Compreendo que o meu nome não será associado ao material de investigação e que não serei identificado ou identificável no(s) relatório(s) resultante(s) da investigação. ☐

4. Aceito que os dados recolhidos sobre mim possam ser utilizados em futuras investigações. ☐

5. Concordo em participar no projeto de investigação acima referido ☐

Nome do participante Data Assinatura

Nome da empresa

Nome do participante______ Data______ Assinatura_________

A assinar e a datar pelo investigador após a confirmação:

Investigador principal________ Data________ Assinatura________

Cópias: Depois de o formulário ter sido assinado por todas as partes, o participante deve receber uma cópia do formulário de consentimento assinado e datado, juntamente com outras informações sobre o projeto. Uma cópia do formulário de consentimento assinado e datado será guardada num local seguro.

MIX
Papier aus verantwortungsvollen Quellen
Paper from responsible sources
FSC® C105338

Printed by Books on Demand GmbH, Norderstedt / Germany